चरथ भिक्खवे

चरथ भिक्खवे

जयप्रकाश कर्दम

वाणी प्रकाशन

प्रकाशन के उत्कृष्टतम 62 वर्ष

vaniprakashan.com

पेपरबैक प्रथम संस्करण : 2025

वाणी प्रकाशन
4695, 21-ए, दरियागंज, नयी दिल्ली-110 002
फ़ोन : +91 11 23273167, 23275710
शाखाएँ
अशोक राजपथ, पटना-800 004, बिहार
कॉफ़ी हाउस कैम्पस, महात्मा गांधी मार्ग, प्रयागराज-211 001, उत्तर प्रदेश
महात्मा गांधी अन्तरराष्ट्रीय हिन्दी विश्वविद्यालय, वर्धा-442 001, महाराष्ट्र
sales@vaniprakashan.in
vaniprakashan@gmail.com

Charath Bhikkhave
by Jaiprakash Kardam

ISBN : 978-93-6944-075-7
Play

मूल्य : ₹ 325

जी.एस. ऑफ़सेट, दिल्ली-110 095 में मुद्रित

वाणी प्रकाशन का लोगो मक़बूल फ़िदा हुसैन की कूची से

भूमिका

'चरथ भिक्खवे' महामानव गौतम बुद्ध के जीवन पर केन्द्रित नाटक है, जिसमें उनके जीवन के उन पक्षों को प्रस्तुत करने का प्रयास किया गया है जो विश्व को अहिंसा, करुणा, प्रेम और सह-अस्तित्व का सन्देश देते हैं। तीर से घायल पक्षी के जीवन रक्षा के द्वारा प्राणी मात्र के प्रति सिद्धार्थ गौतम के मन में उपजी करुणा से नाटक का प्रारम्भ तथा दुनिया को दु:ख़ों और क्लेश से मुक्त कर सुखी बनाने हेतु तथा मानवता के हितार्थ लोक में भ्रमण करने के आदेश के साथ नाटक का अंत होता है। बुद्ध ने अपने भिक्षुओं को कहा था–'चरथ भिक्खवे चारिकं, बहुजन हिताय, बहुजन सुखाय, लोकानुकम्पाय'। उनके ये शब्द भले ही भिक्षुओं को सम्बोधित थे किन्तु वास्तव में यह सम्पूर्ण मानव-समाज के लिए उनका उदबोधन था, जिसमें सभी मनुष्यों को निरन्तर चेतनशील और गतिशील रहने की शिक्षा निहित है। पानी में तब तक ही ताज़गी और शुद्धता रहती है जब तक वह बहता रहता है। पानी यदि बहना बन्द कर किसी एक स्थान पर एकत्र हो जाये तो वह सड़ जाता है। अशुद्ध हो जाता है। बहता पानी ही गुणकारी है, सड़ा हुआ पानी हानिकारक होता है। वैसे ही वैचारिक जड़ता भी हितकारी नहीं है। कोई विचार अन्तिम नहीं है। नए विचारों के पैदा होने की सम्भावना सदैव रहती है। विचारों को समय के अनुकूल तथा मानव-हितकारी होना चाहिए, इसी में उनकी सार्थकता है। किसी भी पड़ाव को अन्तिम मानकर रुको मत, अपने ज्ञान और चेतना के आलोक में निरन्तर आगे बढ़ते रहो और समाज को भी आगे बढ़ने का रास्ता दिखाते रहो। यह प्रत्येक मनुष्य के लिए एक सीख और आदर्श है।

नाटक के माध्यम से यह बताने का प्रयास किया गया है कि बुद्ध होना देवत्व को प्राप्त करना नहीं है अपितु उच्च मानवीय चेतना से युक्त होना है, जहाँ पहुँचकर किसी के भी प्रति घृणा और शत्रुता का भाव नहीं रह जाता। मन हिंसा, असत्य, चोरी,

लोभ-लालच, परिग्रह आदि विचारों से मुक्त हो जाता है तथा मन में ईर्ष्या, द्वेष, राग, तृष्णा, आसक्ति का जन्म नहीं होता। राग और आसक्ति से विरक्त मन अपना-पराया की भावना से ऊपर उठ केवल मानव-सुख और मानव कल्याण के बारे में विचार और कार्य करता है। सिद्धार्थ गौतम ने मानव को दु:ख़ों से मुक्त कर सुखी बनाने के लिए कठिन साधना की और बुद्ध बनने के पश्चात जीवन पर्यन्त गाँव-गाँव, नगर-नगर घूमकर मानव जीवन को दु:ख-मुक्त और सुखी बनाने की शिक्षा दी। इसलिए गौतम बुद्ध ईश्वर, ईश्वर के अवतार या देवता नहीं, अपितु महामानव हैं।

सिद्धार्थ गौतम के रूप में वृद्ध, रोगी और मृतक को देखकर उन्हें इस बात का ज्ञान हुआ कि जीवन में सर्वत्र दु:ख है। हर किसी का अपना दु:ख है और प्रत्येक दु:ख का कोई न कोई कारण है। मानव जीवन को दु:ख से मुक्त कर सुखी बनाने के लिए सिद्धार्थ गौतम ने गृह-त्याग किया तथा बुद्ध बनकर दु:ख के कारण और उसके निवारण की खोज की, जिसे द्वादश निदान के रूप में जाना जाता है। किसी भी चीज़ की अति बुरी और अन्तत: दु:ख देने वाली है। इसलिए अतियों से बचकर मध्यमार्ग को अपनाने पर उन्होंने बल दिया। बुद्ध के चिन्तन की सबसे बड़ी विशेषता यह है कि उन्होंने मनुष्य-मनुष्य के बीच कोई भेदभाव स्वीकार नहीं किया तथा सभी मनुष्यों को समान माना।

नाटक की कथा का आधार धार्मिक एवं ऐतिहासिक तथ्य हैं। यद्यपि नाटक की कथा वस्तु तीन हज़ार वर्ष पूर्व की है, किन्तु गौतम बुद्ध की शिक्षाएँ वर्तमान समय में भी उतनी ही महत्वपूर्ण और प्रासंगिक हैं। नाटक का केन्द्रीय विषय पानी है। पानी आज एक वैश्विक समस्या है। पानी को लेकर सामान्य नागरिकों से लेकर राज्य और राष्ट्रों तक के बीच झगड़े और विवाद हैं। कुछ लोगों की यह धारणा है कि अगला विश्व युद्ध पानी को लेकर होगा। गौतम बुद्ध ने आज से तीन हज़ार वर्ष पूर्व पानी के महत्व को समझा था तथा इस बात के लिए अड़े थे कि पानी की समस्या को युद्ध और हिंसा से नहीं अपितु सद्‌भाव और संवाद से हल किया जाये। उनके गृह-त्याग का मुख्य कारण पानी के लिए होने वाली हिंसा और युद्ध था, जिसका उन्होंने विरोध किया था। शाक्य और कोलीय गणराज्यों के बीच रोहिणी नदी के पानी को लेकर विवाद एक ऐतिहासिक तथ्य है। सिद्धार्थ द्वारा युद्ध का विरोध और उस कारण दण्डस्वरूप राज्य से अभिनिष्क्रमण की घटना का उल्लेख बाबासाहब डॉ. भीमराव अम्बेडकर द्वारा लिखित पुस्तक 'बुद्ध और उनका धर्म' (अनुवाद-भदंत आनन्द कौशल्यायन) में किया गया है। बुद्ध बनने से पूर्व की अपनी मन:स्थिति के बारे में बताते हुए गौतम बुद्ध बोधि-राजकुमार को कहते हैं–'माता-पिता के अश्रुमय

होते, घर से बेघर होकर प्रवृजित हुआ।' (बोधिराजकुमार-सुत्त 2.4.5, मज्झिम निकाय, अनुवाद-महापण्डित राहुल सांकृत्यायन) इसमें वह घर छोड़कर जाने की बात नहीं करते अपितु घर से बेघर होने की बात कहते हैं। इससे भी यही इंगित होता है कि सिद्धार्थ का गृह-त्याग राज्य से निष्कासन के दण्ड के साथ हुआ था और उनको यह दण्ड पानी के लिए युद्ध का विरोध करने के कारण मिला था।

वस्तुत: पानी जीवन का आधार है। भारतीय दर्शन में जल को एक तत्व माना गया है। बौद्ध दर्शन में जल को महाभूत माना गया है। गौतम बुद्ध ने अपने अनेक उपदेशों में जल अथवा जलाशय का उदाहरण के रूप में उल्लेख किया है। सम्राट अजातशत्रु के साथ धर्मालाप करते हुए बुद्ध जलाशय का उल्लेख करते हैं–'जैसे महाराज! कोई जलाशय गम्भीर, और भीतर में पानी के सोते वाला हो। न उसके पूर्व दिशा में जल के आने का कोई रास्ता हो, न दक्षिण, न पश्चिम, न उत्तर। समय-समय पर वर्षा की धारा भी उसमें (जलाशय में) आकर न गिरे। और उस जलाशय (के भीतर से) शीतल जलधारा फूटकर उस जलाशय को शीतल जल से भरे, और उस जलाशय का कोई भी भाग शीतल जल धारा से रहित न हो।' (सामज्जफलसुत्त, दीघनिकाय, अनुवाद-राहुल सांकृत्यायन एवं जगदीश कश्यप, सम्यक प्रकाशन, नई दिल्ली)

एक अन्य सन्दर्भ में वह कहते हैं–'जैसे महाराज! पहाड़ के ऊपर स्वच्छ, प्रसन्न और निर्मल जलाशय (हो)। वहाँ आँख वाला (कोई) मनुष्य किनारे पर खड़ा होकर, सीप, गोगा और जल जन्तु, तैरती खड़ी मछलियाँ, देखे। उसके मन में ऐसा हो–यह जलाशय स्वच्छ, प्रसन्न और निर्मल है।' (सामज्जफलसुत्त, दीघनिकाय, अनुवाद-राहुल सांकृत्यायन एवं जगदीश कश्यप)

सिद्धार्थ के अभिनिष्क्रमण और तत्पश्चात बुद्ध बनने के बाद की घटनाएँ अनेक साहित्यिक रचनाओं का विषय और आधार बनी हैं। किन्तु, सिद्धार्थ के अभिनिष्क्रमण के पश्चात कपिलवस्तु में क्या हुआ? शाक्य और कोलियों पर उसका क्या प्रभाव पड़ा? इस पर केन्द्रित रचनाएँ नगण्य हैं। इस नाटक में इस बिन्दु पर भी प्रकाश डालने करने का प्रयास किया गया है। बौद्ध काल की इस कथा को आज के सन्दर्भों के साथ जोड़कर प्रस्तुत करने का प्रयास किया गया है।

नाटक लिखने का मुझे अनुभव और अभ्यास नहीं है। इससे पहले कभी इस क्षेत्र में प्रयास भी नहीं किया। थिएटर और सिनेमा से जुड़े मेरे एक मित्र ने मुझसे आग्रह किया कि मैं बुद्ध पर केन्द्रित एक नाटक लिखूँ जिसका मंचन किया जा सके। उनके आग्रह का सम्मान करते हुए मैंने यह नाटक लिखा है। इसलिए कहने की

आवश्यकता नहीं है कि नाटक लिखने का यह मेरा प्रथम प्रयास है। प्रयास कैसा रहा है, इस बारे में सम्मानित पाठक बताएँगे। नाटक लेखन के दौरान अनेक प्रश्न मेरे समक्ष उपस्थित हुए जिनके निराकरण के लिए बौद्ध धर्म के जानकार कई विद्वानों से परामर्श किया। इनमें वयोवृद्ध कवि श्रद्धेय लक्ष्मीनारायण 'सुधाकर' और बौद्ध मनीषी श्रद्धेय तुलसी राम प्रमुख हैं। उनके मार्गदर्शन के लिए उनके प्रति आभारी हूँ। जवाहरलाल नेहरू विश्वविद्यालय, नई दिल्ली के प्रोफ़ेसर रामचन्द्र और प्रोफ़ेसर अजमेर सिंह 'काजल' को इस आशय के साथ नाटक का ड्राफ़्ट अवलोकन हेतु भेजा कि वे कमियों को मेरे ध्यान में लायें। उनके उपयोगी सुझावों के लिए उनके प्रति भी आभारनत हूँ। इस नाटक को प्रकाशित करने के लिए वाणी प्रकाशन को भी हार्दिक धन्यवाद।

—जयप्रकाश कर्दम

पात्र-परिचय

सिद्धार्थ गौतम : कपिलवस्तु का राजकुमार
बुद्धत्व प्राप्त करने के पश्चात गौतम बुद्ध

शुद्धोधन : शाक्य गणराज्य के राजा, सिद्धार्थ के पिता

गौतमी : शुद्धोधन की पत्नी

यशोधरा : सिद्धार्थ की पत्नी

राहुल : सिद्धार्थ का पुत्र

छंदक : सिद्धार्थ का सेवक और मित्र

बिंबिसार : कौशल नरेश

देवदत्त : सिद्धार्थ का निकट रिश्ते का भाई

उदायी : शाक्य गणराज्य का महत्वपूर्ण मन्त्री

सभापति : शाक्य संघ का वरिष्ठतम सदस्य

सेनापति : शाक्य गणराज्य का सेनापति

न्यायाधीश : कपिलवस्तु का न्याय-अधिकारी

सुजाता : गया के पास उरूवेला ग्राम की एक स्त्री

पूर्णा : सुजाता की दासी

पाँच भिक्षु : कौण्डिन्य, अश्वजित, काश्यप, महानाम और भद्रिक

अंक-एक

(पर्दा उठता है)

दृश्य एक

(जंगल का एक स्थान। पत्थर की एक छोटी सी चट्टान पर राजसी वस्त्रों में एक किशोर एकाग्र अवस्था में बैठा है। उसकी दृष्टि दूर क्षितिज पर टिकी है। अपने आसपास से बेख़बर वह प्रकृति को निहारते हुए कुछ सोच रहा है। तभी उसके पीछे की ओर से कुछ किशोर वहाँ पहुँचते हैं। उनमें एक देवदत्त भी है। देवदत्त उसको आवाज़ देता है।)

देवदत्त : सिद्धार्थ तुम यहाँ?

(आवाज़ सुन सिद्धार्थ की तन्द्रा टूटती है। वह अपनी गर्दन घुमाकर आवाज़ की ओर देखता है। तब तक वे किशोर उसके सामने आकर खड़े हो जाते हैं। उन सबके हाथों में धनुष-बाण और तलवारें हैं। सिद्धार्थ पूर्ववत बैठा रहता है। देवदत्त सिद्धार्थ से कहता है।)

देवदत्त : यहाँ बैठे हुए क्या कर रहे हो? हम सब शिकार के लिए जा रहे हैं। आओ, तुम भी हमारे साथ चलो।

सिद्धार्थ : तुम लोग जाओ। शिकार करने में मेरी रुचि नहीं है।

देवदत्त : क्यों? तुमको शेर-चीतों से डर लगता है?

सिद्धार्थ : मुझे डर नहीं लगता। डरते तुम लोग हो। इसीलिए शेर-चीतों का नहीं हिरण और खरगोश जैसे छोटे जानवरों का शिकार करते हो।

(सिद्धार्थ की बात सुन वे सब झेंप जाते हैं और एक-दूसरे की ओर देखने लगते हैं। अपनी झेंप मिटाते हुए देवदत्त कहता है।)

देवदत्त : हम जानते हैं तुम शिकार नहीं करोगे। कोई बात नहीं, मत करना शिकार। हमारा निशाना देखने के लिए हमारे साथ चलो।

(सिद्धार्थ अपना सिर उठाकर देवदत्त की ओर देखता है और दृढ़ शब्दों में कहता है।)

सिद्धार्थ : नहीं, मैं निर्दोष प्राणियों की हत्या का साक्षी नहीं बनना चाहता।

देवदत्त : ठीक है तुम अपनी अहिंसा को लेकर बैठे रहो, हम शिकार के लिए जाते हैं।

(कहने के साथ वह अपने साथियों की ओर संकेत कर कहता है।)

देवदत्त : आओ मित्रों, चलो।

(देवदत्त वहाँ से चल देता है। बाक़ी सब किशोर भी सिद्धार्थ की ओर देखकर देवदत्त के पीछे-पीछे वहाँ से चले जाते हैं।)

(सिद्धार्थ पुन: क्षितिज की ओर देखने लग जाता है।)

(कुछ देर पश्चात आकाश में पक्षियों का एक झुण्ड उड़ता हुआ दिखाई देता है। सफ़ेद रंग के वे पक्षी बहुत सुन्दर लग रहे हैं। सिद्धार्थ उन पक्षियों की ओर देखने लगता है। अकस्मात एक पक्षी घायल अवस्था में उसके पास आकर जमीन पर गिरता है। वह लहूलुहान है। उसके शरीर में तीर धंसा हुआ है। सिद्धार्थ का ध्यान उस पक्षी की ओर जाता है और सहसा वह कह उठता है।)

सिद्धार्थ : *(आकाश की ओर देखते हुए)* अरे, इस पक्षी को किसने घायल कर दिया? ...लोग जीवों के प्रति हिंसा क्यों करते हैं?

(सिद्धार्थ का हृदय पक्षी के प्रति करुणा से भर जाता है। वह तत्काल आगे बढ़कर जमीन से उठाकर उस पक्षी को अपनी गोद में लेता है। उसके शरीर से तीर को निकालकर अपने अंगवस्त्र से उसका खून साफ़ करता है और समीप में बह रहे झरने से पानी लेकर अपने हाथों से उसे पानी पिलाता है। निर्जीव हो चुका

पक्षी थोड़ी देर में ही सजीव हो उठता है। सिद्धार्थ धीरे-धीरे पक्षी को करुणा और प्यार से सहलाता है। तभी मंच के दूसरी ओर से हाथों में धनुष और तीर लिए देवदत्त का वहाँ आगमन होता है। आते ही वह सिद्धार्थ से पक्षी को माँगता है।)

देवदत्त : लाओ सिद्धार्थ, यह पक्षी मुझे दो।

सिद्धार्थ : *(देवदत्त की ओर देखते हुए)* क्यों? तुम्हें क्यों दूँ मैं इस पक्षी को?

देवदत्त : यह मेरा शिकार है। मेरे तीर से घायल होकर यह यहाँ गिरा है।

सिद्धार्थ : *(प्यार से पक्षी के ऊपर हाथ फेरते हुए)* नहीं, इसे मैं तुमको नहीं दे सकता।

देवदत्त : क्यों? क्यों नहीं दोगे तुम मुझे इस पक्षी को?

सिद्धार्थ : क्योंकि मैंने इसे बचाया है।

देवदत्त : तुम जो कर रहे हो वह न्यायोचित नहीं है सिद्धार्थ। मैंने बहुत कौशल से इसका शिकार किया है। इस शिकार पर मेरा अधिकार है। इसलिए मेरा शिकार मुझे दे दो।

सिद्धार्थ : मैं न्यायोचित ही कर रहा हूँ देवदत्त। अन्यायपूर्ण बात तुम कर रहे हो। यदि मैं इसे नहीं बचाता तो यह मर गया होता। मैंने इसे बचाया है, इसलिए इस पर मेरा अधिकार है।

देवदत्त : यह बात है तो लो मैं इसे अभी मार देता हूँ। तब तो इस पर तुम्हारा अधिकार नहीं रहेगा।
(कहने के साथ वह अपनी कमर में बंधी म्यान में से तलवार निकालने लगता है।)

सिद्धार्थ : *(पक्षी को अपने वक्ष से चिपकाते हुए)* अब यह मेरे पास, मेरे अधिकार में है। अब तुम इसे नहीं मार सकते देवदत्त।

देवदत्त : तुम शायद इस घमण्ड में हो कि तुम राजकुमार हो और इसीलिए ज्यादती कर रहे हो।

सिद्धार्थ : ऐसा तुम सोच रहे हो मैं नहीं। मैं मनुष्यवत व्यवहार कर रहा हूँ। सभी जीवों से प्रेम करना, उनकी रक्षा करना मनुष्य का धर्म है, उनके साथ हिंसा या हत्या करना नहीं।

(देवदत्त कुछ क्षण इधर-उधर देखता है। तदुपरान्त सिद्धार्थ से कहता है।)

देवदत्त : तो ठीक है न्यायाधीश के पास चलते हैं। इस पक्षी पर किसका अधिकार है, वही इसका निर्णय करेंगे।

सिद्धार्थ : ठीक है। मैं सहमत हूँ। न्यायाधीश जो भी निर्णय देंगे मुझे स्वीकार होगा।

(सिद्धार्थ पक्षी को अपने हाथों में लिए उठकर खड़ा हो जाता है। दोनों वहाँ से चल देते हैं।)

दृश्य दो

(एक बड़ा कक्ष। कक्ष के बीचों बीच एक ऊँचे आसन पर राजसी वस्त्र पहने हुए एक व्यक्ति बैठा है। यह न्यायाधीश है। उसके सामने बड़ी सी मेज़ है, जिस पर एक ओर कुछ काग़ज़ और कलम रखा है। दूसरी ओर लकड़ी का एक हथौड़ा रखा है। मंच के एक ओर से देवदत्त और सिद्धार्थ एक साथ कक्ष में प्रवेश करते हैं। देवदत्त के हाथों में धनुष-बाण है। सिद्धार्थ घायल पक्षी को अपने वक्ष से लगाए हुए है। कक्ष में प्रवेश कर देवदत्त एक ओर खड़ा हो जाता है। सिद्धार्थ भी न्यायाधीश को अभिवादन कर दूसरी ओर खड़ा हो जाता है।)

(न्यायाधीश एक-एक बार दोनों पर दृष्टि डालता है और तत्पश्चात उनसे पूछता है।)

न्यायाधीश : आप लोग किसलिए यहाँ आये हैं? क्या आपके मध्य कोई विवाद है?

देवदत्त : *(न्यायाधीश से)* हाँ महोदय। सिद्धार्थ के हाथों में जो पक्षी है, वह मेरा है। लेकिन सिद्धार्थ इस पक्षी को मुझे नहीं दे रहा है।

न्यायाधीश : क्यों?

देवदत्त : वह इस पर अपना अधिकार जता रहा है।

न्यायाधीश : *(सिद्धार्थ से)* क्यों सिद्धार्थ? क्या देवदत्त ने जो कहा है, वह सही है?

सिद्धार्थ : सही और गलत का निर्णय आप करेंगे महोदय। मेरी दृष्टि से इस पक्षी पर देवदत्त का कोई अधिकार नहीं है।

(न्यायाधीश देवदत्त की ओर प्रश्नसूचक दृष्टि से देखता है। देवदत्त कहता है।)

देवदत्त : इसे मैंने अपने तीर से मारा है। यह मेरा शिकार है।

न्यायाधीश : (सिद्धार्थ से) क्या यह सही है?

सिद्धार्थ : जी हाँ महोदय। देवदत्त का यह कथन सत्य है।

न्यायाधीश : तो तुम यह पक्षी देवदत्त को क्यों नहीं दे रहे हो?

सिद्धार्थ : महोदय, देवदत्त ने इस पक्षी को मारा है। लेकिन मैंने इसके शरीर से तीर निकालकर, इसके जख्म को पानी से धोकर और पानी पिलाकर इसे बचाया है। इसलिए मैं इस पर अपना अधिकार समझता हूँ।

न्यायाधीश : (देवदत्त से): सिद्धार्थ ने जो कहा है, क्या तुमको इस पर कुछ कहना है?

देवदत्त : हाँ महोदय। शिकार का यह नियम हैं कि किसी भी पशु या पक्षी का जो भी शिकार करता है, उस पर उसका ही अधिकार होता है।

सिद्धार्थ : *(प्रतिकार करते हुए)* महोदय, शिकारी का अपने शिकार पर अधिकार तब ही होता है जब वह मर गया हो। जीवित शिकार पर शिकारी का कोई अधिकार नहीं होता। यह पक्षी जीवित है।

न्यायाधीश : *(कुछ सोचते हुए)* हम्मममममममम।

सिद्धार्थ : मैंने इसे बचाया है।

(कहने के साथ सिद्धार्थ पक्षी को देखते हुए प्यार से उस पर अपना हाथ फिराने लगता है।)

न्यायाधीश : मैंने दोनों पक्षों को ध्यान से सुना और विचार किया है। मैं इस निष्कर्ष पर पहुँचा हूँ कि मारने वाले से बचाने वाले का अधिकार

अधिक होता है। इसलिए इस पक्षी पर सिद्धार्थ का ही अधिकार बनता है।

सिद्धार्थ : *(शीश झुकाकर)* धन्यवाद महोदय।

(न्यायाधीश के निर्णय से असन्तुष्ट देवदत्त गुस्से में पैर पटकता हुआ मंच से जाता है। पक्षी को अपने वक्ष से चिपकाए सिद्धार्थ भी सहज कदमों से मंच से जाता है।)

दृश्य-तीन

(एक खेत में कुछ श्रमिक काम कर रहे हैं। उनके शरीर मिट्टी में सने हुए हैं। कुछ श्रमिकों के हाथों में फावड़े हैं। वे फावड़ों से मिट्टी खोद रहे हैं। कुछ श्रमिकों के सिर पर तसले रखे हैं। फावड़े वाले श्रमिक फावड़े से मिट्टी खोद कर तसले में भरते हैं और दूसरे श्रमिक तसलों को उठाकर सिर पर रखते हैं तथा एक अन्य स्थान पर जाकर उस मिट्टी को गिरा देते हैं। उनके पैर नंगे हैं तथा शरीर पर भी नाम मात्र के ही कपड़े हैं। दोपहर का समय है। तेज़ धूप से उनके शरीर जल रहे हैं। तपती ज़मीन पर नंगे पैर चलने से उनको पीड़ा होती है। एक साथ पूरा पैर ज़मीन पर नहीं रख पाते हैं। कभी ऐड़ी को ज़मीन पर रखते हैं और कभी पंजों को। दर्द के कारण वे ठीक से चल नहीं पा रहे हैं। लंगड़ाते हुए से चल रहे हैं। उनसे कुछ दूरी पर सिद्धार्थ अपने सेवक छंदक के साथ एक सघन वृक्ष की छाया में बैठा है। श्रमिकों की यह दशा देखकर उसका मन बहुत द्रवित होता है। वह बहुत देर तक उन श्रमिकों को देखता हुआ कुछ सोचता रहता है। फिर श्रमिकों की ओर हाथ से संकेत करते हुए छंदक से अपनी करुणा व्यक्त करता है।)

सिद्धार्थ : इन लोगों की ज़िन्दगी कितनी कठिन है।

छंदक : हाँ राजकुमार। श्रमिकों का जीवन ऐसा ही होता है।

सिद्धार्थ : न इनके पैरों में जूती हैं और न शरीर पर पर्याप्त कपड़े हैं। इतनी भीषण गर्मी में ये लोग नंगे शरीर काम कर रहे हैं।

छंदक : यह इनकी विवशता है राजकुमार। काम नहीं करेंगे तो खाएँगे क्या।

सिद्धार्थ : क्या इनको इतना पारिश्रमिक नहीं मिलता कि ये लोग अपने लिए जूती और कपड़े ख़रीद सकें?

(इतना कहकर सिद्धार्थ प्रश्नसूचक दृष्टि से छंदक की ओर देखता है।)

छंदक : बहुत से मालिक श्रमिकों को उचित पारिश्रमिक नहीं देते हैं।

सिद्धार्थ : परिश्रम करने वाला आदमी ही भूखा-नंगा रहे। यह तो उचित नहीं है।

छंदक : उचित तो नहीं है राजकुमार। लेकिन यही सब चल रहा है।

सिद्धार्थ : श्रमिक अपने शरीर को मिट्टी बनाकर उत्पादन करे और फिर भी भूखा-नंगा रहे, और मालिक उसके श्रम पर सुख और ऐश्वर्य भोगे। यह तो सर्वथा अनुचित और अमानवीय है। लोग क्यों नहीं सोचते कि श्रमिक भी मनुष्य हैं। उनकी भी आवश्यकताएँ हैं। उनको भी रोटी और कपड़ा चाहिए।

(सिद्धार्थ का मन श्रमिकों की दयनीयता से विचलित और दुःखी हो जाता है। वह कुछ देर तक श्रमिकों को कारुणिक दृष्टि से देखता है। फिर छंदक की ओर देखते हुए कहता है।)

सिद्धार्थ : श्रमिकों की यह दशा देखकर पीड़ा होती है। यह तो उनके प्रति हिंसा है। श्रमिकों को उनके श्रम का समुचित मूल्य मिलना चाहिए ताकि वे भी मानवीय जीवन जी सकें।

छंदक : आप सही कहते हैं राजकुमार।

सिद्धार्थ : दुनिया श्रम पर टिकी है और श्रमिको की ही यह दुर्दशा?...बहुत दुःखद है। श्रमिकों का यह शोषण क्यों?...क्या वे मनुष्य नहीं है?...उनको मनुष्यों की तरह जीने का अधिकार क्यों नहीं है?

(सिद्धार्थ का मन द्रवित हो जाता है। कुछ देर तक वह गम्भीर मुद्रा में बैठा हुआ सोचता रहता है फिर उठकर खड़ा होता है। छंदक प्रश्नसूचक दृष्टि से सिद्धार्थ की ओर देखता है। सिद्धार्थ छंदक से कहता है।)

सिद्धार्थ : मन बहुत विचलित है।

छंदक : आप बहुत कारुणिक हैं राजकुमार। आपसे दूसरों का दु:ख देखा नहीं जाता।

सिद्धार्थ : दूसरों के विषय में नहीं सोचें, उनकी चिन्ता नहीं करें तो फिर कैसे मनुष्य हैं हम? जब तक दुनिया में दु:ख है। तब तक कोई कैसे सुखी रह सकता है।

(छंदक सिद्धार्थ के चेहरे की ओर देखता है। सिद्धार्थ के चेहरे पर प्रज्ञा का तेज़ दिखायी देता है। वह अपनी दृष्टि झुका लेता है। सिद्धार्थ छंदक से कहता है।)

सिद्धार्थ : चलो छंदक, अब चलते हैं।

छंदक : चलिए राजकुमार।

(सिद्धार्थ धीरे-धीरे चलता हुआ मंच से जाता है। छंदक उसका अनुगमन करता है।)

दृश्य-चार

(कपिलवस्तु का संथागार। शाक्य संघ की आम सभा। एक बड़े आसन पर सभापति विराजमान हैं। वह शाक्य सभा के सबसे वरिष्ठ सदस्य हैं। उनके पास अन्य आसनों पर संघ के पदाधिकारी बैठे हैं। सामने संथागार में शाक्य संघ के सभी सदस्य बैठे हैं। सभा के मन्त्री उदायी अपने स्थान से खड़े होते हैं और शाक्य संघ को सम्बोधित करते हैं।)

उदायी : जैसाकि आप सब जानते हैं शाक्य संघ के नियम के अनुसार बीस साल की आयु प्राप्त हो जाने वाला शाक्य गणराज्य का

प्रत्येक युवक शाक्य संघ का सदस्य बनने का पात्र होता है। राजकुमार सिद्धार्थ बीस वर्ष के हो गये हैं। वह शाक्य संघ के सदस्य बनने के पात्र हैं। मैं राजकुमार सिद्धार्थ को शाक्य संघ का सदस्य बनाने का प्रस्ताव सभा के समक्ष रखता हूँ। सभा कृपया इस प्रस्ताव पर विचार कर इसका अनुमोदन करें।

(एक सदस्य अपने स्थान से खड़ा होता है और प्रस्ताव का अनुमोदन करते हुए कहता है।)

सदस्य : राजकुमार सिद्धार्थ एक शीलवान, निष्ठावान, कुशाग्र बुद्धि, प्रेम और न्याय मार्ग पर चलने वाले, अनुशासित तथा गणराज्य के प्रति समर्पित युवा हैं। वह हर प्रकार से शाक्य संघ का सदस्य बनने के पात्र हैं। मैं राजकुमार सिद्धार्थ को शाक्य संघ का सदस्य बनाए जाने के प्रस्ताव का समर्थन करता हूँ।

(इतना कहकर वह एक क्षण के लिए रुकता है और समस्त सदस्यों पर एक दृष्टि डालते हुए कहता है।)

सदस्य : सभा में कोई ऐसा सदस्य नहीं होगा जिसे राजकुमार सिद्धार्थ को सदस्य बनाए जाने पर कोई आपत्ति हो। शायद समस्त सभा मेरी बात से सहमत होगी।

(सभा में उपस्थित सभी सदस्य अपने हाथ उठाकर उसके साथ सहमति व्यक्त करते हैं। उदायी सभा को सम्बोधित करता है।)

उदायी : सभा द्वारा सर्वसम्मति से राजकुमार सिद्धार्थ को शाक्य संघ का सदस्य बनाया जाता है। मैं सभा की ओर से नए सदस्य का स्वागत करता हूँ और चाहूँगा कि वह अपने स्थान पर खड़े हो जायें ताकि सभी सदस्य उनको ठीक से देख सकें और उनसे परिचित हो सकें।

(संथागार के एक कोने में बैठा सिद्धार्थ अपने स्थान से उठकर खड़ा होता है तथा सिर झुकाकर, दोनों हाथ जोड़कर, चारों ओर गर्दन घुमाकर सभी सदस्यों को प्रणाम करता है। सभा में उपस्थित सभी लोग ताली बजाकर सिद्धार्थ का स्वागत करते हैं।)

सभापति : *(सिद्धार्थ को सम्बोधित करते हुए)* राजकुमार सिद्धार्थ। आज से आप गौरवशाली शाक्य गणराज्य के इस महत्वपूर्ण संघ के सम्मानित सदस्य हैं। शाक्य संघ आपसे यह अपेक्षा करता है कि आप संघ के सभी नियमों का पालन करेंगे।

(सभापति शाक्य संघ के नियमों की एक प्रति सिद्धार्थ को देते हैं।)

सिद्धार्थ : *(दोनों हाथ जोड़े हुए सिर झुकाकर)* महोदय, मैं संघ को विश्वास दिलाता हूँ कि मैं शाक्य संघ के नियमों का पूरी निष्ठा और ईमानदारी से पालन करूँगा।

सभापति : आप युवा हैं। आपके पास नई ऊर्जा और नए विचार हैं। सभा चाहेगी कि आप सभा में विचार किए जा रहे विषयों पर अपनी निर्भय और निष्पक्ष राय व्यक्त कर संघ को अपना योगदान देंगे।

सिद्धार्थ : *(दोनों हाथ जोड़े हुए सिर झुकाकर)* अवश्य महोदय। शाक्य संघ शाक्य गणराज्य की महत्वपूर्ण संस्था है। मैं शाक्य संघ का सदस्य बनकर गर्व अनुभव कर रहा हूँ। मैं संघ को अपना रचनात्मक योगदान देने का वचन देता हूँ।

(बैठक के समाप्त होते ही सभी सदस्य अपने-अपने स्थान से खड़े होते हैं। एक-एक कर सब सिद्धार्थ के पास जाकर उसे बधाई देते हैं और मंच से जाते हैं।)

दृश्य-पाँच

(कपिलवस्तु के राजपथ पर एक रथ दौड़ा जा रहा है। एक व्यक्ति रथ को हाँक रहा है। वह रथ का सारथी है। रथ में सामने की सीट पर एक व्यक्ति बैठा है। वह राजकुमार सिद्धार्थ है। सिद्धार्थ के पीछे एक अन्य व्यक्ति बैठा है। वह छंदक है। घोड़ों की टापों की आवाज़ आती है जो सड़क पर घोड़ों के दौड़ने और रथ के चलने का आभास देती है।

(नेपथ्य में कुछ लोगों का शोर उभरता है): मारो, मारो। ...हाय मर गया। मर गया...।

(रथ में बैठे सिद्धार्थ के कानों में शोर पड़ता है। वह सारथी से रथ रोकने को कहता है।)

सिद्धार्थ : सारथी, रथ रोको।

(सारथी रथ को रोक देता है। घोड़ों की टापों की आवाज़ बन्द हो जाती है। रथ रुक जाने पर सिद्धार्थ कुछ देर ध्यान देकर शोर को सुनता है और जिज्ञासा से छंदक से पूछता है।)

सिद्धार्थ : यह शोर कैसा है?

(मंच के एक ओर कुछ लोग परस्पर लड़ते दिखायी देते हैं। छंदक उनकी ओर देखते हुए कहता है।)

छंदक : कुछ लोग आपस में लड़ रहे हैं राजकुमार।

सिद्धार्थ : लेकिन लड़ क्यों रहे हैं?

छंदक : शायद इनके बीच कोई विवाद है। उस कारण ही उनेक बीच लड़ाई और मारपीट हो रही है।

सिद्धार्थ : लोग लड़ते क्यों हैं? बिना लड़े परस्पर बातचीत से अपना विवाद क्यों नहीं निपटाते?

छंदक : लोगों में सहिष्णुता का अभाव है राजकुमार। शान्ति और सहिष्णुता को प्राय: कायरता माना जाता है। कोई किसी से दबना नहीं चाहता। सब एक-दूसरे को दबाना चाहते हैं।

सिद्धार्थ : लोगों में इतनी असहिष्णुता क्यों है? यह तो हिंसा है।

छंदक : आज हिंसा समाज का स्वभाव बन गया है राजकुमार।

सिद्धार्थ : लोग खड़े हुए तमाशे की तरह इनको लड़ते हुए देख रहे हैं। बीच-बचाव करके इन्हें शान्त क्यों नहीं कराते हैं? क्या हिंसा भी मनोरंजन का साधन होती है? क्या लोगों की संवेदनाएँ बिल्कुल मर गयी हैं? यह तो नितान्त अमानवीय है।

छंदक : हिंसक लोग कब क्या कर बैठें इसका कुछ पता नहीं होता। वे बीच-बचाव करने वाले को भी क्षति पहुँचा सकते हैं। इसलिए लोग उनके बीच में पड़ने से बचते हैं।

सिद्धार्थ : इस तरह से तो हिंसा बढ़ेगी। यह तो ठीक नहीं है। ...पता तो करो आख़िर उनके बीच विवाद क्या है?

(छंदक रथ से नीचे उतरता है और लड़ाई कर रहे लोगों के पास जाता है। कुछ देर में वापस लौटता है और बताता है।)

छंदक : इनके बीच पानी का विवाद है राजकुमार। एक व्यक्ति ने दूसरे व्यक्ति के खेत का पानी रोककर उसके हिस्से का पानी अपने खेत में कर लिया है। इसी बात को लेकर दोनों पक्षों के बीच लड़ाई हो रही है।

सिद्धार्थ : यह तो विकट समस्या है। पानी सबकी आवश्यकता है। पानी का उपयोग लोकतान्त्रिक ढंग से होना चाहिए ताकि सबको आवश्यकता के अनुसार समुचित पानी मिले।

(यह कहते हुए सिद्धार्थ रथ से नीचे उतरता है। सिद्धार्थ के साथ-साथ छंदक भी रथ से नीचे उतरता है और आगे बढ़कर तेज़ स्वर में भीड़ को सम्बोधित करते हुए कहता है।)

छंदक : सुनिए, सुनिए। राजकुमार सिद्धार्थ आये हैं। उनकी बात सुनिए।

(कुछ लोग उसकी ओर ध्यान न देकर लड़ते रहते हैं लेकिन कुछ लोग आवाज़ की ओर देखते हैं। छंदक के साथ सिद्धार्थ उनके निकट पहुँच जाता है। वे लोग राजसी वस्त्र पहने सिद्धार्थ को पहचान लेते हैं। सिर झुकाकर प्रणाम करते हैं और विस्मय से सिद्धार्थ की ओर देखते हुए उसके आसपास एकत्र हो जाते हैं। सिद्धार्थ उनसे पूछता है।)

सिद्धार्थ : यह क्या हो रहा है? ये लोग क्यों लड़ रहें?

(सिद्धार्थ की बात सुन लोग प्रश्नसूचक दृष्टि से एक-दूसरे की ओर देखते हैं। मध्यम आयु का एक व्यक्ति लड़ रहे लोगों के अत्यन्त निकट जाकर उनसे कहता है।)

व्यक्तिः : अरे, लड़ना बन्द करो। देखो राजकुमार सिद्धार्थ आये हैं।

(राजकुमार सिद्धार्थ का नाम सुन लोग तत्काल लड़ना बन्द कर देते हैं और वे भी अन्य लोगों के बीच सिद्धार्थ के पास आकर खड़े हो जाते हैं। सिद्धार्थ उनको समझाता है।)

सिद्धार्थ : आप लोगों की लड़ाई का जो भी कारण हो, मैं आप लोगों से यही कहूँगा कि अपने विवादों को बिना लड़े, शान्ति से बातचीत करके सुलझाएं। लड़ने से तो लड़ाई ही बढ़ेगी और विवाद भी सुलझेगा नहीं और बढ़ेगा।

(लोगों पर सिद्धार्थ की बात का असर होता है। जो लोग लड़ रहे थे वे शर्मिंदगी में अपने सिर झुका लेते हैं। सिद्धार्थ उनको सम्बोधित करते हुए कहता है।)

सिद्धार्थ : एक-दूसरे के गले मिलिए और प्रण कीजिए कि भविष्य में अपनी समस्या और विवादों का समाधान शान्तिपूर्वक ढंग से परस्पर संवाद के द्वारा करेंगे। लड़ेंगे नहीं।

(लोग एक-दूसरे के गले मिलते हैं और सिद्धार्थ को आश्वासन देते हुए कहते हैं।)

लोगः : आपकी नेक सलाह पाकर हम धन्य हुए राजकुमार। हम आपको वचन देते हैं कि आपसी विवादों को शान्ति और संवाद से ही सुलझाएँगे, कभी लड़ेंगे नहीं।

(कुछ देर पहले का हिंसा का माहौल प्रेम और सद्भाव में बदल जाता है। सिद्धार्थ सभी लोगों को हाथ जोड़कर प्रणाम करते हैं और कहते हैं।)

सिद्धार्थ : आप लोगों ने मेरी बात का सम्मान किया और अपनी लड़ाई बन्द की इसके लिए मैं आप लोगों के प्रति आभार व्यक्त करता हूँ। आप सबको मेरा प्रणाम।

(इतना कहकर सिद्धार्थ रथ पर चढ़ जाते हैं। लोग हर्ष ध्वनि से 'राजकुमार सिद्धार्थ की जय' कहते हैं। सिद्धार्थ प्रेमपूर्ण दृष्टि से लोगों को देखते हैं और अपना दायाँ हाथ हिलाकर सबको अभिवादन करते हैं। रथ धीरे-धीरे आगे बढ़ने लगता है। चलते हुए घोड़ों की टाप सुनायी देती हैं।)

दृश्य-छः

(कपिलवस्तु का राजमहल। सिद्धार्थ और यशोधरा का शयन कक्ष। यशोधरा अभी स्नान करके स्नान-घर से बाहर आयी है। शरीर पर गाउन जैसा वस्त्र पहने हुए है। बाल खुले हैं जिनसे पानी की बूँदें टकप रही हैं। कक्ष में ही खिड़की के पास एक कुर्सी पर बैठा सिद्धार्थ बाहर की दुनिया में खोया हुआ है। यशोधरा भी गीले बालों को तौलिए से पोंछती हुई सिद्धार्थ के पास आकर खड़ी हो जाती है। खिड़की से सूर्य की किरणें कक्ष के अन्दर आ रही हैं। यशोधरा का चेहरा कांति की आभा से दमक रहा है। उसके बालों से टपकती पानी की बूँदों पर धूप की किरणें पड़ने से वह मोती की तरह चमक रही हैं। पानी की एक बूँद बालों से निकलकर यशोधरा के गालों पर लुढ़कती है। अपने हाथ की अंगुली के एक पौर से वह उस बूँद को हटाती है। सिद्धार्थ का ध्यान यशोधरा की ओर नहीं है। वह शिकायती स्वर में सिद्धार्थ की ओर देखती हुई कहती है।)

यशोधरा : क्या बात है स्वामी, कहाँ खोये हुए हो?
(यशोधरा के यह शब्द सुन सिद्धार्थ का ध्यान उसकी ओर जाता है। वह यशोधरा की ओर देखता है।)

सिद्धार्थ : नहीं, कहीं नहीं।
यशोधरा; कहीं खोये नहीं हो तो यहाँ क्यों नहीं हो?

सिद्धार्थ : यहीं तो हूँ।

यशोधरा : मुझे तो नहीं लगता कि तुम यहाँ हो।

सिद्धार्थ : ऐसा क्यों लगता है तुम्हें?

यशोधरा : तुम शरीर से यहाँ हो मन से यहाँ नहीं हो। मन से भी यहाँ होते तो मेरी ओर देखते। मैं भी इस कक्ष में हूँ।

सिद्धार्थ : मैं बाहर प्रकृति के सौन्दर्य को देख रहा था।

यशोधरा : क्या वह मुझसे अधिक सुन्दर और आकर्षक है?
(यह कहते हुए यशोधरा अपने शरीर को एक लचक देती है और मुदित नेत्रों से सिद्धार्थ की ओर देखती है।)

सिद्धार्थ : वह बात नहीं है यशोधरे। प्रत्येक चीज़ अपनी जगह सुन्दर होती है। प्रकृति अपनी जगह सुन्दर है, तुम अपनी जगह सुन्दर हो।

यशोधरा : *(उलाहना देते हुए)* लेकिन जितने ध्यान से आप प्रकृति को देख रहे हो उतने ध्यान से मुझे तो नहीं देखते हो।

सिद्धार्थ : ऐसी बात नहीं है।

यशोधरा : ऐसी ही बात है।...मैं देख रही हूँ आजकल आपका ध्यान मेरी ओर नहीं रहता है।...क्या बात है? क्या मैं अब पहले जैसी सुन्दर नहीं रही? अथवा मुझसे कोई ग़लती हो गयी है जो आप मेरी ओर पहले की तरह ध्यान नहीं देते हो। मुझसे कोई शिकायत हो तो बताओ, मैं आपकी शिकायत को दूर करने का प्रयास करूँगी।

सिद्धार्थ : यह क्या कह रही हो तुम। तुम जितनी अच्छी तरह सबकी देखभाल करती हो, सबके सुख-सुविधा का ख़याल रखती हो, उतना कोई नहीं कर सकता है। तुमसे शिकायत का तो प्रश्न ही नहीं है।

यशोधरा : फिर क्या कारण है मेरे प्रति तुम्हारी उदासीनाता का? पहले की तरह न मेरे पास बैठते हो, न बातें करते हो। अधिकांश समय या तो घर से बाहर रहते हो या स्वयं में खोये रहते हो।
(यह कहते हुए वह सिद्धार्थ की आँखों में झाँकती है। सिद्धार्थ दृष्टि उठाकर एक क्षण यशोधरा की ओर देखता है फिर कहता है।)

सिद्धार्थ : मैं तुम्हारे प्रति उदासीन नहीं हूँ। बल्कि मैं यह देखकर दुःखी हूँ कि दुनिया कितनी हिंसक और अमानवीय होती जा रही है। लोग छोटी-छोटी बातों पर लड़ रहे हैं। संग्रह और वर्चस्व की भावना निरन्तर बढ़ रही है। कोई दूसरों के बारे में नहीं सोच रहा है।
(यशोधरा प्रश्नसूचक दृष्टि से सिद्धार्थ की ओर देखती है।)

यशोधरा : क्या हुआ?

सिद्धार्थ : दया धर्म नाम की भी कोई चीज़ नहीं है। कुछ लोग दूसरों को पानी तक से वंचित कर रहे हैं।

यशोधरा : तुम्हारे सोचने से दुनिया अहिंसक हो जायेगी? लोग लड़ना बन्द कर देंगे?

सिद्धार्थ : वही तो सोचता हूँ। क्या किया जाये कि दुनिया की यह स्थिति बदले।

यशोधरा : लड़ना कुछ लोगों की प्रवृत्ति होती है। उनको लड़ने का कोई भी बहाना चाहिए। क्या करोगे इसमें? उनकी प्रवृत्ति को आप नहीं बदल सकते।

सिद्धार्थ : हुम्म्म्म्म *(कुछ सोचते हुए)* लेकिन चिन्ता की बात यह है कि पानी जैसी नैसर्गिक चीज़ पर भी क़ब्ज़ा किया जाता रहा तो कहीं एक दिन बड़ा विस्फोट न हो जाये।

यशोधरा : तुम सोच रहे हो इसलिए तुम्हें ऐसा लग रहा है। इतना अधिक मत सोचो। दुनिया जैसे चल रही है वैसे ही चलती रहेगी। कोई विस्फोट होने नहीं जा रहा है।

सिद्धार्थ : लोग और किसी भी चीज़ का अभाव सह सकते हैं, पानी का अभाव नहीं सह सकते। पानी के अभाव में मर जायेगे। पानी के लिए लड़ जायेगे। दुनिया जिस तेज़ी से इस ओर बढ़ रही है दुनिया का विस्फोटक यथार्थ एक दिन हमारे सामने होगा।

(सिद्धार्थ को परेशान देख यशोधरा अपने हाथों से उसके सिर को दबाती है और उसकी आँखों में झाँकते हुए प्रेमपूर्ण शब्दों में कहती है।)

यशोधरा : तुम्हारा आज का यथार्थ मैं हूँ। मेरी ओर देखो। यहाँ विस्फोट नहीं शान्ति है।

(सिद्धार्थ धीरे से नज़रें उठाकर यशोधरा की ओर देखता है। यशोधरा अपनी बाहें सिद्धार्थ के गले में डाल देती है।)

यशोधरा : मेरी दुनिया तुम हो स्वामी और तुम्हारी दुनिया मैं हूँ। बस्स, हमेशा मेरे साथ रहो। और बुझे-बुझे से नहीं खिले-खिले से रहो।

(सिद्धार्थ कुछ समय तक उसी अवस्था में बैठा रहता है। फिर यशोधरा को सम्बोधित कर कहता है।)

सिद्धार्थ : सुनो, मुझे राजगृह जाना है।

यशोधरा : किसलिए?

सिद्धार्थ : कुछ आवश्यक कार्य है।

यशोधरा : कब जाना है?

सिद्धार्थ : कल।

यशोधरा : अचानक?...

सिद्धार्थ : कई दिन पहले तय हो गया था। लेकिन तुमको बताना भूल गया था।

यशोधरा : कोई बात नहीं।...राजगृह जा रहे हो तो मेरे लिए सुन्दर से कंगन लेकर आना। सुना है वहाँ कंगन बहुत अच्छे मिलते हैं।

सिद्धार्थ : समय मिलेगा तो अवश्य लेकर आऊँगा।

यशोधरा : *(शरारत भरी दृष्टि से सिद्धार्थ की आँखों में देखते हुए)* याद रहेगा?

सिद्धार्थ : हाँ।

यशोधरा : और मैं?...मैं भी याद रहूँगी?...

सिद्धार्थ : हाँ। तुम भी याद रहोगी।

यशोधरा : *(प्रेम से अपनी बाहों के घेरे को कसते हुए)* कंगन लाना या मत लाना लेकिन काम समाप्त होते ही जल्दी से लौट आना। मेरे असली कंगन तुम हो। तुम्हारे बिना सब कुछ सूना सा लगता है। जब तक नहीं लौटोगे मेरा मन तुम में ही अटका रहेगा।

सिद्धार्थ : ठीक है।...अब हटो।

(यह कहने के साथ सिद्धार्थ अपने दोनों हाथों से यशोधरा के हाथों को अपने गले से हटाता है और खड़ा होता हुआ कहता है।)

सिद्धार्थ : मैं ज़रा पिताजी के पास होकर आता हूँ। कल के बारे में उनसे कुछ मन्त्रणा करनी है। कल सुबह जल्दी ही निकलना होगा तो जाने की तैयारियाँ करने के लिए भी छंदक को अभी कह देता हूँ।

यशोधरा : अच्छा जी। हो आइए। तब तक मैं भी तैयार होकर माताजी के पास हो आती हूँ।

(सिद्धार्थ कक्ष से बाहर निकलकर चला जाता है। यशोधरा दर्पण के समक्ष बैठकर श्रृंगार करने लगती है।)

दृश्य-सात

(खुली सड़क पर एक रथ जा रहा है। रथ पर सिद्धार्थ बैठा है। सिद्धार्थ के पीछे की सीट पर छंदक बैठा है। सारथी रथ हाँक रहा है। घोड़ों के टापों की आवाज़ सुनाई देती है। रास्ते के दोनों ओर लम्बे और विशाल वृक्ष हैं। जिनके बीच से शीतल मंद हवा बह रही है। सिद्धार्थ चारों ओर देखता जा रहा है। खेतों में लहलहाती फ़सलों को देख सिद्धार्थ का मन प्रफुल्लित होता है। वह हरे-भरे खेतों की ओर देखता जा रहा है। कुछ दूर आगे जाने पर रास्ते के एक ओर झोपड़ी के एक घर के बाहर एक तालाब दिखायी देता है। एक स्त्री उस तालाब से घड़े में पानी भर रही है। सिद्धार्थ उसकी ओर संकेत कर छंदक से पूछता है।)

सिद्धार्थ : छंदक, यह स्त्री अपने घड़े में तालाब का गन्दा पानी क्यों भर रही है?

छंदक : इनके पास पानी का यही एकमात्र स्रोत है राजकुमार।

सिद्धार्थ : तो क्या इस पानी को ये लोग पीते भी हैं?

छंदक : हाँ, राजकुमार।

सिद्धार्थ : *(विस्मय और दुःख व्यक्त करते हुए)* गन्दा पानी पीना तो स्वास्थ्य के लिए बहुत हानिकारक है। इस पानी को पीकर तो ये लोग बीमार हो जाते होंगे।

छंदक : हाँ, राजकुमार, बीमार होते हैं। और बहुत से लोग मर भी जाते हैं।

(तभी सामने थोड़ी दूरी पर कुछ लोग सड़क पार करते हुए दिखायी देते हैं। निकट पहुँचने पर रथ की गति धीमी हो जाती है। लोगों को रास्ता देने के लिए सिद्धार्थ रथ को रुकवाता है।)

सिद्धार्थ : *(सारथी से)* रथ को किनारे करके रोक लो। पहले इन लोगों को जाने दो।

(सारथी रथ को रोक लेता है। कुछ लोग सड़क पार कर चुके हैं। कुछ पार कर रहे हैं। सिद्धार्थ समूह में लोगों को जाते हुए देखता है और जिज्ञासा व्यक्त करते हुए पूछता है।)

सिद्धार्थ : ये लोग कौन हैं? इतने सारे लोग एक साथ कहाँ जा रहे हैं?

छंदक : अभी मालूम करके आता हूँ।

(यह कहकर वह रथ से नीचे उतरता है और लोगों के पास जाता है। कुछ ही देर में वापस लौटता है और बताता है।)

छंदक : एक व्यक्ति की मृत्यु हो गयी है। उसी को श्मशान में लेकर जा रहे हैं।

सिद्धार्थ : कोई वृद्ध व्यक्ति था?

छंदक : नहीं राजकुमार, वह अभी युवा था।

सिद्धार्थ : *(दुःख व्यक्त करते हुए)* ओह। युवावस्था में मृत्यु। यह तो बहुत दु:खद है।

छंदक : हाँ, राजकुमार।

सिद्धार्थ : क्या उसे कोई दुसाध्य रोग था?

छंदक : नहीं राजकुमार, गन्दा पानी पीने से उसके शरीर में संक्रमण हो गया था।

सिद्धार्थ : *(गम्भीर स्वर में)* यह तो बहुत बड़ी समस्या है।

छंदक : प्रदूषित पानी पीना इन लोगों की विवशता है राजकुमार, और उससे मृत्यु हो जाना उनके बीच सामान्य बात है।

सिद्धार्थ : क्या इनके पास कुँए नहीं है?

छंदक : नहीं राजकुमार। ये ग़रीब लोग हैं। इनके पास कुँए नहीं है।

सिद्धार्थ : नगरों और गाँवों में स्थान-स्थान पर इतने कुएँ हैं।

छंदक : वह तो है राजकुमार, लेकिन वे सभी कुएँ उच्च वर्णीय लोगों के

हैं। ये लोग शूद्र हैं। उच्च वर्णों के लोग शूद्रों को अपने कुओं से पानी नहीं लेने देते हैं। इसलिए इनको गन्दा पानी ही पीना पड़ता है।

(यह सुनकर सिद्धार्थ को आश्चर्य होता है। उसका हृदय विचलित हो जाता है और चेहरे पर दर्द की रेखाएँ उभर आती हैं। वह ज़ोर से अपने सिर को हिलाता है तथा विस्मित और मर्माहत स्वर में कहता है।)

सिद्धार्थ : समाज में भी क़ब्ज़ा, पानी पर भी क़ब्ज़ा? ...यह तो बहुत बड़ा अन्याय और अमानवीयता है।

(सिद्धार्थ एक क्षण के लिए रुकता है फिर छंदक को सम्बोधित कर कहता है।)

सिद्धार्थ : राज्य की ओर से प्रत्येक गाँव में कुएँ बनवाए गये हैं, जो सबके लिए हैं।

छंदक : हाँ राजकुमार, लेकिन वे सब कुएँ भी गाँवों के अन्दर और उच्च वर्णों की आबादी के बीच ही बने हैं। शूद्र लोग गाँवों से बाहर रहते हैं। उच्च वर्णों के लोग शूद्रों को उन कुओं से पानी नहीं लेने देते हैं।

सिद्धार्थ : यह तो बहुत घृणित कृत्य है। क्या शूद्र मनुष्य नहीं होते हैं? क्या स्वच्छ पानी पीना केवल उच्च वर्णों का ही अधिकार है?

छंदक : शूद्रों में इस बात को लेकर बहुत असन्तोष है।

सिद्धार्थ : उनका असन्तोष स्वाभाविक है। स्वच्छ पानी और स्वच्छ हवा सबको चाहिए। ये प्रकृति की दी हुई चीज़ें हैं। इन पर मनुष्य ही नहीं प्रत्येक जीव का अधिकार है। पानी पर क़ब्ज़ा अमानवीय ही नहीं अलोकतान्त्रिक भी है।

(एक क्षण रुककर।)

सिद्धार्थ : आज पानी पर क़ब्ज़ा कर रहे हैं। क्या कल को हवा पर भी क़ब्ज़ा करेंगे?...इतनी अमानवीयता?...क्या होगा दुनिया का?

(छंदक मौन रहता है और विस्मित दृष्टि से सिद्धार्थ के चेहरे की ओर देखता है। सिद्धार्थ के चेहरे पर रोष और करुणा का मिश्रित

भाव है। उसकी आँखें मृतक को ले जा रहे लोगों के समूह पर टिकी हैं, किन्तु उसके मस्तिष्क में कभी गाँवों के मध्य स्वच्छ पानी के कुएँ और कभी तालाब से गन्दा पानी लेती स्त्री उभरती है। उसके चेहरे पर गम्भीरता व्याप्त हो जाती है। गम्भीर स्वर में वह कहता है।)

सिद्धार्थ : दुनिया सब की है। यह सबके रहने लायक होनी चाहिए। *(सिद्धार्थ दुनिया के बारे में सोचने लगता है। लोगों का समूह धीरे-धीरे सड़क पार कर जाता है। रथ सड़क पर आगे बढ़ जाता है।)*

दृश्य-आठ

(कपिलवस्तु का राजमहल। एक बड़ा कक्ष। एक आसन पर शुद्धोधन गम्भीर मुद्रा में सिर नीचा किए हुए बैठे हैं। उनके चेहरे पर चिन्ता की रेखाएँ हैं। पास ही दूसरे आसन पर गौतमी बैठी हैं। शुद्धोधन की ओर देखती हुई गौतमी पूछती है।)

गौतमी : क्या बात है महाराज। बहुत उदास दिखायी दे रहे हो? क्या मैं आपकी उदासी का कारण जान सकती हूँ।

शुद्धोधन : मैं पिछले काफ़ी दिनों से एक बात को लेकर बहुत परेशान और दु:खी हूँ गौतमी।

गौतमी : वह कौन सी बात है महाराज, जिसके कारण आप इतने परेशान हैं?

शुद्धोधन : मैं देख रहा हूँ सिद्धार्थ का मन सांसारिक विषयों में नहीं लग रहा है। वह अपने आप में ही खोया-खोया सा रहता है। उसका विवाह भी हो गया है। सुन्दर पत्नी है। लेकिन अपनी पत्नी के मोहपाश में भी वह नहीं बंध रहा है।

गौतमी : हाँ महाराज। यह बात मैंने भी अनुभव की है। वह यशोधरा के साथ भी बहुत कम समय व्यतीत करता है।

शुद्धोधन : सिद्धार्थ अभी युवा है। उसकी खेलने-खाने की उम्र है। अच्छे कपड़े, अच्छा खाना, सैर-शिकार, मनोरंजन, अभी इन सब की उम्र है उसकी।

गौतमी : आप सही कह रहे हैं महाराज। यही तो उम्र है उल्लास और उमंग से जीने की। बाद में तो घर-गृहस्थी, खेती-बाड़ी इन सब गें ही उलझे रहना है।

शुद्धोधन : लेकिन उल्लास और उमंग से तो उसको विरक्ति सी हो गयी है। दूसरे युवाओं की तरह हँसता, खिलखिलाता नहीं दिखायी देता। खोया-खोया सा रहता है।

गौतमी : क्या हो गया है मेरे बच्चे को? वह तो ऐसा नहीं था।

शुद्धोधन : यही तो मैं भी सोच रहा हूँ। राज-कार्य में भी विशेष रुचि नहीं लेता है और न ज़मींदारी में ही। खेतों की ओर भी जाता है तो खेतों में क्या हो रहा है, यह नहीं देखता बल्कि किसी खेत के किनारे बैठकर खेत में काम रहे श्रमिकों को अथवा शून्य में देखता रहता है।

गौतमी : ये तो वैराग्य के से लक्षण हैं। कहीं वह...?'

शुद्धोधन : वह सांसारिक विषयों से विरक्त हो गया है। हर समय पता नहीं क्या सोचता रहता है। उसकी विरक्ति मुझे चिन्तित कर रही है।

गौतमी : हाँ महाराज। मैं भी सिद्धार्थ के अन्दर परिवर्तन अनुभव कर रही हूँ। पहले वह मेरे पास आकर घण्टों बैठा करता था, दुनिया-जहान की बातें बताता था। मेरे हाथों से अपनी पसन्द के व्यंजन बनवाकर खाता था। कभी-कभी मेरे हाथों से अपने सिर की मालिस करवाता था। अब तो वह मुझे भी जैसे भूल सा गया है।

शुद्धोधन : पहले कभी-कभी मेरे पास भी आकर बैठता था। बहुत सी बातों पर विचार-विमर्श करता था। लेकिन अब मेरे पास भी आकर नहीं बैठता है।

गौतमी : खाने में भी जब और जो कुछ भी मिल जाता है वही खा लेता है। किसी चीज़ की माँग नहीं करता। स्वाद तो जैसे भूल ही गया है।

शुद्धोधन : यही तो चिन्ता का विषय है। वह जिस तरह सांसारिक विषयों से विरक्त और एकान्तवासी होता जा रहा है। मुझे डर है कहीं वह सन्यासी न बन जाये।

गौतमी : सिद्धार्थ में आ रहे इस बदलाव के कारण आजकल यशोधरा भी परेशान सी रहती है।

(यशोधरा का ज़िक्र आते ही शुद्धोधन के मस्तिष्क में एक आशंका उभरती है। वह गौतमी से पूछते हैं।)

शुद्धोधन : कहीं यशोधरा के साथ तो उसकी कोई अनबन नहीं है? पति-पत्नी के बीच कोई समस्या हो जाये तो तब भी व्यक्ति अकसर इस तरह का हो जाता है।

गौतमी : नहीं, ऐसा भी प्रतीत नहीं होता है।...सेविकाओं को सब पता होता है घर में कहाँ क्या चल रहा है। मैंने कई सेविकाओं से बात की है। किसी ने भी ऐसी आशंका का कोई संकेत नहीं दिया है।

शुद्धोधन : तुम स्वयं बात करके देखो यशोधरा से, शायद वह कुछ बता सके।

गौतमी : यशोधरा बहुत गम्भीर और सुलझी हुई है। अपने मन की बात मन में ही रखती है। न किसी को कुछ बताती है और न आभास होने देती है। स्वयं को सामान्य रखने के लिए वह सारा दिन किसी न किसी कार्य में लगी रहती है। लेकिन एक स्त्री दूसरी स्त्री के मन को पढ़ लेती है। मैं यशोधरा की परेशानी को समझ रही हूँ। किन्तु करूँ क्या? मैं यह सोचकर बहुत दु:खी रहती हूँ कि यशोधरा इस दर्द को कब तक सहेगी?

शुद्धोधन : यही बात तो मुझे खाए जा रही है गौतमी। मैं चाहता हूँ वह पूर्व की भाँति सभी कार्यों में रुचि ले। अपनी खेती-बाड़ी की भी देखभाल करे और अपने गृहस्थ जीवन को भी संभाले। उसका सुख ले।

गौतमी : तो आप इसके लिए कोई उपाय क्यों नहीं करते महाराज। केवल सोचते रहने से कुछ नहीं होगा।

शुद्धोधन : वही सोच रहा हूँ मैं।

(इतना कहकर शुद्धोधन एक क्षण गौतमी की ओर देखते हैं। फिर सेवक को आवाज़ लगाते हैं।)

शुद्धोधन : सेवक।

(एक ओर से सेवक कक्ष में प्रवेश करता है।)

सेवक : जी, महाराज।

शुद्धोधन : मन्त्री उदायी को सूचना भिजवाकर बुलवाओ। उनसे कुछ ज़रूरी मन्त्रणा करनी है।

सेवक : जी, महाराज।

(सेवक चला जाता है।

(कुछ देर में दूसरी ओर से उदायी का प्रवेश। शुद्धोधन उदायी को अपने निकट एक आसन पर बैठने का संकेत करते हैं। उदायी बैठ जाता है। शुद्धोधन को परेशान देख पूछता है।)

उदायी : आप चिन्तित लग रहे हैं महाराज?

शुद्धोधन : एक गम्भीर समस्या है। उस पर विमर्श करने के लिए ही आपको बुलवाया है।

उदायी : कहिए क्या बात है? क्या राज्य से सम्बन्धित कोई समस्या है? बताइए आपको चिन्तामुक्त करने के लिए मैं क्या कर सकता हूँ?

शुद्धोधन : आप जैसे सुयोग्य मन्त्रि के रहते मुझे राज्य की कोई चिन्ता नहीं है।

उदायी : राज्य की नहीं तो फिर किस बात की चिन्ता है?

शुद्धोधन : मैं सिद्धार्थ को लेकर परेशान हूँ।

उदायी : क्या हुआ सिद्धार्थ को?

शुद्धोधन : सिद्धार्थ अपने आप में खोया सा रहता है। सांसारिक विषयों में उसकी आसक्ति कम हो रही है। उसकी विरक्ति इसी तरह बढ़ती रही तो कहीं वह गृह-त्याग कर सन्यासी न बन जाये। रात-दिन यही चिन्ता सताती है।

उदायी : हाँ महाराज। यह तो मैं भी देख रहा हूँ। आजकल सिद्धार्थ कुछ अधिक ही एकाकी सा रहता है।

शुद्धोधन : आपके साथ तो सिद्धार्थ की मित्रता है। उससे बातें होती होगी आपकी?

उदायी : हाँ महाराज। बातें तो होती हैं लेकिन आजकल वह अपनी बातों से अधिक लोगों के दु:ख़ों की बात अधिक करता है। वह बीमारों को देखकर दु:खी होता है, वृद्धों और मृतकों को देखकर दु:खी होता है। उनके बारे में सोच-सोचकर दु:खी रहता है।

शुद्धोधन : दूसरों के दु:ख़ों के बारे में सोचना तो अच्छा है। लेकिन पारिवारिक और गृहस्थ जीवन से कटकर एकाकी हो जाना तो अच्छा नहीं है।

उदायी : हाँ, यह तो है।

शुद्धोधन : सिद्धार्थ अभी युवा है। मैं चाहता हूँ अन्य युवाओं की तरह वह सांसारिक विषयों में रुचि ले। और गृहस्थ बनकर रहे।

उदायी : आप सही सोचते हैं।

शुद्धोधन : सिद्धार्थ की सुख-सुविधा के लिए मैंने अलग-अलग ऋतुओं में उसके रहने के लिए अलग महल बनवाए हैं। जिनमें भोग-विलास की सारी सुविधाएँ उपलब्ध हैं। लेकिन उसका मन इन सब में नहीं रम रहा है।

उदायी : सिद्धार्थ प्रकृति प्रेमी है। उसे फूल-पौधे, पक्षी और झरने बहुत पसन्द हैं। कुछ ऐसा किया जाये कि वह घर में रहकर भी प्रकृति के निकट रहे। शायद इससे उसका मन कुछ बदले।

शुद्धोधन : उसके महल के पास सुन्दर बग़ीचे हैं, जिनमें भाँति-भाँति के सुन्दर फूल खिले हुए हैं। कई प्रजातियों के सुन्दर पक्षी भी रखे हैं। इसके अतिरिक्त और क्या किया जा सकता है?

उदायी : क्या वह इन बगीचों में भी नहीं जाता?

शुद्धोधन : बगीचों में जाता है। फूलों को देखता है। पक्षियों के साथ भी समय व्यतीत करता है। उनको अपने हाथों से खाना खिलाता है। किन्तु सांसारिक विषयों में रुचि नहीं ले रहा है। उससे विमुख हो रहा है।

उदायी : *(कुछ सोचते हुए)* ऐसा कर सकते हैं महाराज कि अन्त:पुर में कुछ नर्तकियाँ और गणिकाएँ रखवाएँ। शायद वे अपने रूप, सौन्दर्य और चितवनों से सिद्धार्थ को रिझाकर उसे सांसारिक विषयों में लिप्त कर सकें।

शुद्धोधन : सिद्धार्थ की पत्नी यशोधरा अत्यन्त रूपवती है। राज्य में उससे अधिक रूपवान सुन्दरी कौन होगी जो सिद्धार्थ को रिझा सके।

उदायी : पत्नी और गणिका में अन्तर होता है महाराज। पत्नी की एक मर्यादा होती है। गणिका जिस तरह रिझा सकती है पत्नी उस तरह नहीं रिझा सकती है।

शुद्धोधन : मैं तो कुछ सोच नहीं पा रहा हूँ। उदायी, जो कुछ भी कर सकते हो, करो। किसी भी तरह सिद्धार्थ को सांसारिक विषयों से विरक्त होने से रोको।

उदायी : मैं व्यवस्थाएँ करता हूँ महाराज। आज्ञा दीजिए। अब चलता हूँ। *(कहने के साथ उदायी अपने आसन से उठता है। दोनों हाथ जोड़कर शुद्धोधन को प्रणाम करता है और मंच से चला जाता है। शुद्धोधन विचार की मुद्रा में बैठे रह जाते हैं।)*

(पर्दा गिरता है।)

अंक दो

(पर्दा उठता है)

दृश्य एक

(कपिलवस्तु का संथागार। शाक्य संघ की आम सभा। एक बड़े आसन पर सभापति विराजमान हैं। सभापति के एक ओर सेनापति और दूसरी ओर उदायी और अन्य मन्त्री बैठे हैं। सामने शाक्य संघ के सभी सदस्य बैठे हैं। सेनापति अपने स्थान से खड़ा होता है और सभा को सम्बोधित करता है।)

सेनापति : रोहिणी नदी के जल के उपयोग को लेकर हमारे और कोलीय गणराज्य के लोगों के बीच आये दिन टकराव और मार-पीट होती रहती है। कुछ दिन पूर्व फिर से कोलियों के साथ हमारे लोगों का टकराव हुआ है। आज की यह सभा उसी समस्या पर विचार करने के लिए बुलायी गयी है।

सभापति : आप सही कहते हो सेनापति, निरन्तर चलने वाला यह टकराव रुकना चाहिए। इसे कैसे रोका जा सकता है, कृपया इस बारे में सुझाव दें।

सेनापति : इस टकराव को रोकने का एकमात्र उपाय है कोलियों पर आक्रमण। इसलिए मेरा प्रस्ताव है कि कोलियों के विरुद्ध युद्ध किया जाये।

सभापति : सदस्य-गण कृपया सेनापति के प्रस्ताव पर अपने विचार व्यक्त करें ताकि समुचित निष्कर्ष पर पहुँचा जा सके।

(सदस्यों के बीच गहमा-गहमी शुरू हो जाती है। लोग एक-दूसरे की ओर देखते हैं। कुछ लोग परस्पर चर्चा करने लगते हैं। कुछ लोग स्वयं न बोलकर, पास बैठे दूसरे सदस्य को बोलने के लिए उत्साहित करते हैं।)

सभापति : कृपया परस्पर वार्तालाप नहीं करें। आप लोगों को जो भी कहना हो सभा के समक्ष कहें ताकि सभी सदस्य सुन सकें।

(सदस्यों का परस्पर वार्तालाप बन्द हो जाता है। कुछ देर तक लोग एक-दूसरे की ओर देखते रहते हैं। एक कोने में युवा सदस्यों का एक समूह बैठा है। उनके बीच से एक युवक बोलने के लिए खड़ा होता है। वह देवदत्त है। सब लोग देवदत्त की ओर देखते हैं।)

देवदत्त : सेनापति ने जो विचार व्यक्त किया है, वह सर्वथा उपयुक्त है। हमें ऐसा ही करना चाहिए। पानी के अभाव में हमारे खेत सूखें, यह हम कदापि स्वीकार नहीं करेंगे।

(मध्यम उम्र का एक व्यक्ति अपनी बात रखने के लिए खड़ा होता है।)

व्यक्तिः : देवदत्त ने जो कहा है वह विचारणीय है। मैं उसका समर्थन करता हूँ। हमें कोलियों को नदी का पानी लेने से तत्काल रोकना चाहिए।

(देवदत्त के समूह के सभी युवा अपने हाथ उठाकर उसके साथ सहमति व्यक्त करते हैं। धीरे-धीरे अन्य सदस्य भी देवदत्त के साथ सहमति में अपने हाथ उठाते हैं। सदस्यों का एक सामूहिक स्वर उभरता है।)

सदस्य : ऐसा ही हो।

सेनापति : अधिकांश सदस्य कोलियों के साथ युद्ध के प्रस्ताव से सहमत हैं। हमको इसी विचार पर अमल करना चाहिए।

देवदत्त : सेनापति का प्रस्ताव बिलकुल सही है। कोलियों के साथ युद्ध हो।

(कुछ सदस्य उत्साह में भरकर उदघोष करने लगते हैं।)

उदघोष : शाक्य गणराज्य की जय।

(उदघोष के बीच एक कोने में बैठा सिद्धार्थ धीरे से अपने स्थान से खड़ा होता है। सिद्धार्थ के खड़े होते ही उदघोष बन्द हो जाता है। सिद्धार्थ सभापति को सम्बोधित करते हुए कहता है।)

सिद्धार्थ : सभापति महोदय, मैं भी इस सम्बन्ध में कुछ कहना चाहता हूँ। कृपया मुझे अपनी बात कहने की अनुमति दी जाये।

सभापति : हाँ, अवश्य कहो। तुमको अपनी बात कहने की पूर्ण स्वतन्त्रता और अनुमति है।

(सभी सदस्यों की नज़रें जिज्ञासा से सिद्धार्थ की ओर टिक जाती हैं। कुछ लोग परस्पर खुसर-पुसर करने लगते हैं।)

एक सदस्य : अब क्या शेष है कहने के लिए?

दूसरा सदस्य : कुछ तो होगा। सिद्धार्थ अत्यन्त गम्भीर और विचारवान है। अवश्य कुछ नयी और महत्वपूर्ण बात कहेगा।

पहला सदस्य : सुनते हैं क्या कहता है।

(सिद्धार्थ अपनी बात कहता है।)

सिद्धार्थ : मैं पानी के लिए युद्ध के विचार से सहमत नहीं हूँ।

सभापति : अपनी असहमति का कारण बताएँ।

सिद्धार्थ : हवा और पानी सबकी आवश्यकताएँ हैं। हर खेत और हर जीव को पानी चाहिए। पानी पर किसी का भी क़ब्ज़ा उचित नहीं है। यह अनैतिक और अमानवीय है। यह मनुष्य और जीवों से उनके जीने के अधिकार को छीनने जैसा है।

(सिद्धार्थ के यह कहते ही सभा में सन्नाटा व्याप्त हो जाता है। समस्त सदस्य आश्चर्य से कभी सिद्धार्थ की ओर और कभी एक-दूसरे की ओर देखने लगते हैं। कुछ देर तक सन्नाटा व्याप्त रहता है। फिर सेनापति सन्नाटे को तोड़ता है और सिद्धार्थ को सम्बोधित कर कहता है।)

सेनापति : तुम आदर्शों के आकाश में उड़ रहे हो सिद्धार्थ। यथार्थ की ज़मीन पर आओ।

सिद्धार्थ : मैं भी यथार्थ की ही बात कर रहा हूँ सेनापति। नदी-जल के बँटवारे की समस्या के समाधान हेतु जिस प्रकार हम युद्ध के बारे में सोच रहे हैं, वैसा ही कोलीय गणराज्य के लोग भी तो सोच सकते हैं।

सेनापति : हाँ, क्यों नहीं। वे भी सोच सकते हैं। लेकिन उनके सोचने से क्या होता है। हम उनसे कहीं अधिक शक्तिशाली हैं। वे युद्ध में हमारा कोई मुक़ाबला नहीं कर सकते। पहले भी कई बार हम उन्हें युद्ध में पराजित कर चुके हैं। इस बार भी उनको पराजय का सामना करना पड़ेगा।

सिद्धार्थ : आज हम शक्तिशाली हैं, हम उनको पराजित कर नदी का सारा जल ले लेंगे। कल को वे शक्तिशाली हो जायें तो वे हमें पराजित कर सारे जल पर अपना अधिकार कर लेंगे। इस तरह तो इस समस्या का कोई समाधान नहीं होगा। दोनों गणराज्य एक-दूसरे के दुश्मन बने रहेंगे और युद्ध करते रहेंगे। इससे दोनों को ही जन-धन की हानि होगी। दोनों ही गणराज्य आर्थिक रूप से कमज़ोर होंगे और दोनों की ही प्रगति अवरुद्ध होगी।

सेनापति : तुम्हारा मंतव्य क्या है?

सिद्धार्थ : युद्ध किसी समस्या का समाधान नहीं है। वैर से वैर कभी समाप्त नहीं होता, प्रेम से ही वैर समाप्त हो सकता है।

सेनापति : स्पष्ट कहो जो भी कहना चाहते हो।

सिद्धार्थ : मेरा विनम्र सुझाव है कि दोनों पक्षों से कुछ लोग मिल-बैठकर चर्चा करें और सहमति से समुचित समाधान निकालें। सर्वाधिक उचित यह होगा कि दोनों राज्यों के बीच जनसंख्या, पशुधन और कृषि भूमि के अनुपात में नदी-जल का बँटवारा हो।

(देवदत्त तत्काल अपने स्थान से खड़ा होता है। आक्रामक अन्दाज़ में अपना हाथ हवा में लहराते हुए सिद्धार्थ के प्रस्ताव से अपनी तीव्र असहमति व्यक्त करता है।)

देवदत्त : सुलह-समझौता कायरों की शब्दावली है। हम कायर नहीं हैं।

सेनापति : हमें कोलियों को युद्ध में पराजित कर उनका मान-मर्दन करना होगा ताकि भविष्य में फिर कभी वे हमारे लोगों के साथ लड़ने का साहस नहीं कर सकें। वर्षों से चली आ रही इस समस्या का यही एकमात्र समाधान है।

(मन्त्री उदायी चर्चा में हस्तक्षेप करता है।)

उदायी : यह अत्यन्त महत्वपूर्ण विषय है। सिद्धार्थ का सुझाव व्यावहारिक है। युद्ध के बारे में अन्तिम राय बनाने से पहले इस पर गम्भीरतापूर्वक विचार किया जाना चाहिए।

सेनापति : हमारे राज्य को अधिक पानी मिलेगा तो हमारे खेतों में अधिक पैदावार होगी। हमारा गणराज्य अधिक समृद्ध और ख़ुशहाल होगा। हम अपनी जनता को ख़ुशहाली दें इससे अच्छा और क्या हो सकता है।

उदायी : लेकिन यह भी ध्यान में रखना चाहिए कि युद्ध में बहुत से सैनिक भी मरते हैं। अब तक जितने भी युद्ध हुए हैं भले ही उन युद्धों में हमें विजय मिली है लेकिन हमारे भी हज़ारों सैनिक मरे हैं। प्रत्येक सैनिक किसी न किसी का पुत्र, पति, भाई या पिता होता है। एक सैनिक की मौत से किसी के घर का चिराग़ बुझ जाता है, कोई स्त्री युवा उम्र में विधवा हो जाती है, किसी बच्चे के सिर से पिता का साया उठ जाता है। एक सैनिक की मौत का दर्द उसके परिवार को दीर्घकाल तक सहना पड़ता है। बहुत से परिवार बुरी तरह टूटकर ख़त्म हो जाते हैं।

सेनापति : युद्ध में सैनिक मरता नहीं शहीद होता है। युद्ध होगा तो शहादत भी होगी। यह सामान्य बात है।

उदायी : यह आपके लिए सामान्य बात हो सकती है सेनापति। उनसे पूछिए जिन्होंने युद्धों में अपने पुत्र, पति या पिताओं को खोया है। उनके लिए यह विशेष बात होती है।

सेनापति : युद्ध में शहीद सैनिक के परिवार को पर्याप्त आर्थिक सहायता दी जाती है।

उदायी : आर्थिक सहायता उस क्षति की पूर्ति नहीं कर सकती जो एक सैनिक के मरने से उसके परिवार को होती है। युद्ध होगा तो आर्थिक क्षति भी होगी। राज्य के उत्पादन पर प्रभाव पड़ेगा। महँगाई बढ़ेगी। जनता का जीवन अस्त-व्यस्त होगा। इसलिए जहाँ तक सम्भव हो युद्ध से बचना चाहिए, यही उचित है।

सेनापति : ऐसी सोच से राज्य कायर और कमज़ोर होगा। दुनिया शक्तिशालियों की होती है। कमज़ोरों के लिए दुनिया में कोई जगह नहीं होती। हमारा गणराज्य कायरों का नहीं बहादुरों का गणराज्य है। हम कायरों की शब्दावली नहीं जानते।

(देवदत्त सेनापति के स्वर में अपना स्वर मिलाता है।)

देवदत्त : सेनापति सही कह रहे हैं। संघ को कोलिय गणराज्य के विरूद्ध युद्ध की घोषणा करनी चाहिए।

(देवदत्त के समर्थक उसकी आवाज़ में आवाज़ मिलाने लगते हैं।)

सामूहिक स्वर : युद्ध हो, युद्ध हो।

(अपने विचार को समर्थन नहीं मिलता देख उदायी शान्त हो जाता है और निराशा में इधर-उधर देखने लगता है।)

सेनापति : *(निर्णायक स्वर में बोलते हुए)* इस विषय में विस्तार से चर्चा हो गयी है। सभी सदस्य युद्ध के प्रस्ताव से सहमत हैं।

(सिद्धार्थ पुन: अपने स्थान से खड़ा होता है और सभी की ओर देखता हुआ कहता है।)

सिद्धार्थ : मैं पुन: विनती करता हूँ कि सभा इस विषय पर पुनर्विचार करे। पानी के लिए लड़ना उचित नहीं है।

सेनापति : निर्णय लिया जा चुका है।

सिद्धार्थ : लेकिन मैं इस निर्णय के पक्ष में नहीं हूँ।

सेनापति : यह संघ का निर्णय है सिद्धार्थ। और संघ का निर्णय सभी सदस्यों के लिए स्वीकार करना अनिवार्य है। तुमको भी इस निर्णय को स्वीकार करना होगा।

सिद्धार्थ : मैं युद्ध और हिंसा का समर्थन नहीं कर सकता।

सेनापति : तुम जानते हो, तुम क्या कह रहे हो?

सिद्धार्थ : मैं जो भी कह रहा हूँ पूरे विवेक से कह रहा हूँ।

सेनापति : संघ का निर्णय नहीं मानने वाले को दण्ड भुगतना पड़ता है।

सिद्धार्थ : मैं दण्ड भुगतने के लिए तैयार हूँ। लेकिन मैं अभी भी यही कहूँगा कि कोलीय भी मनुष्य हैं और पानी की जितनी आवश्यकता हमें है उतनी ही उनको भी है।

(सेनापति को सिद्धार्थ की बात अप्रिय लगती है। वह उत्तेजित हो उठता है और उत्तेजित स्वर में कहता है।)

सेनापति : तुम शाक्यों की ओर से बोल रहे हो या कोलियों की ओर से?

सिद्धार्थ : *(संयत स्वर में)* मैं मनुष्यता के पक्ष में बोल रहा हूँ।

(सभापति हस्तक्षेप करता है और सिद्धार्थ को समझाते हुए कहता है।)

सभापति : सिद्धार्थ, शाक्य संघ लोकतान्त्रिक संस्था है। इसकी एक मर्यादा है। सभी सदस्यों को संघ की मर्यादा का पालन करना होता है। यदि संघ बहुमत से कोई निर्णय ले तो असहमत होते हुए भी उसे स्वीकार करना पड़ता है। तुम युवा हो। तुमको संघ की मर्यादा को सीखने और समझने का अवसर दिया जाता है और अपेक्षा की जाती है कि भविष्य में शाक्य संघ के किसी भी निर्णय का विरोध नहीं करोगे, उनका सम्मान करोगे।

(सिद्धार्थ अपने स्थान पर बैठ जाता है। सभापति सभा को सम्बोधित करता है।)

सभापति : आप सब लोगों ने बैठक में भाग लेकर इसे सफल बनाया, इसके लिए मैं सभी सदस्यों के प्रति आभार व्यक्त करता हूँ। अब बैठक समाप्त होती है।

(पहले सभापति अपने स्थान से उठकर संथागार से बाहर निकलते हैं। उनके पीछे-पीछे अन्य मन्त्रीगण और सभी सदस्य बाहर निकलते हैं।)

दृश्य-दो

(कपिलवस्तु नगर। एक बड़े कक्ष में एक आसन पर सेनापति बैठा है। उसके आसपास गोलाकार रूप में कुछ अन्य आसन हैं, जिन पर कुछ सैन्य अधिकारी बैठे हैं। सेनापति उनके साथ मन्त्रणा कर रहा है। मन्त्रणा कोलीय गणराज्य पर आक्रमण के विषय में हो रही है। परस्पर बातें करते हुए वे बीच-बीच में अपने सिर हिलाते हैं। सेनापति सैन्य अधिकारियों से कह रहा है।)

सेनापति : हमें कोलीय गणराज्य पर अतिशीघ्र आक्रमण करना है। यह सर्वाधिक उपयुक्त समय है। शाक्य संघ हमारे साथ है। हमने जनता में राज्य-प्रेम की भावना भर दी है। कोलिय गणराज्य पर विजय प्राप्त कर लेने पर जनता का राज्य-प्रेम, और साथ ही हम पर भी उसका विश्वास और बढ़ जायेगा। हमें इस अवसर हो हाथ से नहीं जाने देना है।

(इतना कहकर सेनापति एक दृष्टि सभी सैन्य अधिकारियों पर डालता है। और इस बात से आश्वस्त होकर कि सब उसकी बात से सहमत हैं, वह उत्साहित स्वर में कहता है।)

सेनापति : आप लोग बताएँ हमारी तैयारियाँ कैसी हैं?

(एक अधिकारी अपनी जेब से एक नक़्शा निकालकर सेनापति के समक्ष रखता है और कुछ स्थानों पर अंगुलियाँ रखकर सेनापति को स्थिति से अवगत कराता है।)

अधिकारी : दक्षिण में हमारी स्थिति बहुत मज़बूत है। यहाँ हमारे पाँच सौ सैनिक तैनात हैं। उत्तर-दक्षिण में भी हमारी कई चौकियाँ पहले से विद्यमान हैं। दक्षिण-पश्चिम का रास्ता पहाड़ी है। वहाँ तक रसद पहुँचाने में समय लगता है। इसलिए वहाँ पर कम सैनिक ही तैनात हैं। हमें वहाँ पर कुछ और सैनिक तैनात करने पड़ेंगे।

सेनापति : और बाक़ी व्यवस्थाएँ?

अधिकारी : हाथी, घोड़े, रथ आदि सब पर्याप्त हैं। हथियार भी पर्याप्त मात्रा में हैं। लेकिन, यदि युद्ध कुछ लम्बा चला तो सैनिकों की कमी पड़ सकती है।

सेनापति : हम अधिक से अधिक संख्या में युवाओं को सेना में भर्ती कराएँगे ताकि युद्ध में सैनिकों की कोई कमी नहीं रहे।

दूसरा अधिकारी : युद्ध के मैदान में भेजने से पहले नए भर्ती युवाओं को युद्ध कौशल का प्रशिक्षण भी दिया जाना आवश्यक होगा। इसलिए उचित होगा कि युद्ध तत्काल न करके कुछ समय पश्चात किया जाये।

सेनापति : हमारे गणराज्य के अधिकांश युवा अस्त्र-शस्त्र चलाने में पहले से ही कुशल होते हैं।

पहला अधिकारी : वह तो है सेनापति। लेकिन युद्ध के लिए केवल अस्त्र-शस्त्र चलाना ही काफ़ी नहीं है। अपितु युद्ध की रणनीति का ज्ञान और अनुशासन भी आवश्यक होता है।

सेनापति : तुम्हारी बात ठीक है। लेकिन यह कोई बड़ी समस्या नहीं है। यह प्रशिक्षण उनको कुछ दिन के अन्दर दिया जा सकता है। इसके लिए युद्ध को स्थगित करना उचित नहीं है।

पहला अधिकारी : आप आदेश दें, कब आक्रमण करना है।

दूसरा अधिकारी: मेरा सुझाव है पहले युवाओं को सेना में भर्ती करने की कार्रवाई कर ली जाये। उसके पश्चात ही अगला क़दम उठाना उपयुक्त होगा।

सेनापति : यह सुझाव उपयुक्त प्रतीत होता है। आप लोगों की क्या राय है? *(कहने के साथ वह अन्य अधिकारियों की ओर देखता है। सब सहमति में सिर हिलाते हुए कहते हैं। दूसरा अधिकारी कहता है।)*

दूसरा अधिकारी : विचार उपयुक्त है सेनापति। किन्तु, क्या शाक्य सभा युद्ध शुरू करने की अनुमति देगी?

सेनापति : इस समय परिस्थितियाँ पूरी तरह हमारे अनुकूल हैं। एक तो देवदत्त का समर्थन हमें मिल रहा है। दूसरे सिद्धार्थ शाक्य सभा में अलग-थलग पड़ गया है जिसका प्रभाव राजा शुद्धोधन की

स्थिति पर भी पड़ेगा। इसलिए किसी भी ओर से आपत्ति की कोई सम्भावना नहीं है।

अधिकारी : यदि ऐसा है तब ठीक है।

सेनापति : मैं शीघ्र ही शाक्य संघ से युद्ध शुरू करने की अनुमति लेता हूँ। तब तक आप लोग बाक़ी तैयारियाँ जारी रखें।

सभी अधिकारी : जी बहुत अच्छा।

(कहने के साथ सेनापति खड़ा होता है और कक्ष से बाहर निकल जाता है। सभी अधिकारी भी उठकर चले जाते है।)

दृश्य-तीन

(कपिलवस्तु का संथागार। एक आसन पर सभापति बैठे हैं। उनके बायीं और दायीं ओर सेनापति और कुछ मन्त्री बैठे हैं। सामने सभी सदस्य बैठे हैं। शाक्य संघ की बैठक चल रही है। सभापति सेनापति से कहता है।)

सभापति : सेनापति, आज की यह बैठक आपके अनुरोध पर बुलायी गयी है। कृपया सभा को आज की बैठक का प्रयोजन बताएँ।

सेनापति : शाक्य संघ की पिछली बैठक में यह निर्णय लिया जा चुका है कि हमें रोहिणी नदी के पानी पर अपना अधिकार करने के लिए कोलीय गणराज्य के साथ युद्ध करना चाहिए।

सभापति : हाँ, उससे यह सभा अच्छी तरह अवगत है।

सेनापति : इस समय हमारी अच्छी तैयारी है और यदि हम तत्काल कोलियों पर आक्रमण करते हैं तो हम उन्हें आसानी से पराजित कर सारे पानी पर अपना अधिकार कर सकते हैं। इसलिए मेरा यह प्रस्ताव है कि संघ हमें कोलियों पर तत्काल आक्रमण करने का अनुमोदन दे।

(सेनापति का प्रस्ताव सुन सभापति एक क्षण अपनी दायीं ओर बैठे मन्त्री की ओर देखते हैं। और फिर संथागार में उपस्थित

सदस्यों पर दृष्टि डालते है और सभा को सम्बोधित करते हुए कहते हैं।)

सभापति : सदस्य-गण, आप सबने सेनापति जी का प्रस्ताव सुन लिया है। अब आप लोग उनके प्रस्ताव पर अपनी-अपनी राय व्यक्त करें। *(सदस्यों के बीच गहमा-गहमी शुरू हो जाती है। लोग एक-दूसरे से बातें करने लगते हैं।)*

एक सदस्य : यदि युद्ध होगा तो युवा और मध्यम आयु के सभी लोगों को सेना में भर्ती होना पड़ेगा।

दूसरा सदस्य : हाँ यार, यह तो होगा। ...मुझे सेना में जाकर युद्ध करने पर कोई आपत्ति नहीं है, लेकिन समस्या तो यह है कि हम खेती करें या युद्ध में लड़ने जायें। हम युद्ध के मोर्चे पर लड़ने चले जायेंगे तो हमारे खेतों का क्या होगा? कौन हल चलाएगा? कौन पानी देगा, कौन निराई-गुड़ाई करेगा।

पहला सदस्य : यह समस्या तो है। लेकिन इन्कार भी तो नहीं कर सकेंगे सेना में भर्ती होने के लिए। शाक्य सभा के नियमों से बंधे हैं। देखा नहीं शाक्य संघ के निर्णय के विरुद्ध जाने पर सिद्धार्थ का क्या हुआ। वह तो राजकुमार है। हमारी तो औक़ात क्या है।

दूसरा सदस्य : कुछ समझ में नहीं आ रहा क्या किया जाये। पता नहीं सेनापति को आक्रमण करने की क्यों सूझ रही है। खेतों में फ़सल पक रही है। कुछ दिन में कटाई होगी। सब लोग युद्ध में लड़ने के लिए चले जायेगे तो फ़सल का क्या होगा। अनाज पैदा नहीं होगा तो लोग खाएँगे क्या? राज्य में त्राहि-त्राहि मच जायेगी भूख से।

पहला सदस्य : जो युद्ध में लड़ने जायेंगे वे वहाँ मर जायेंगे। जो यहाँ रह जायेंगे वे भूख से मर जायेंगे। कौन समझाए सेनापति को।

दूसरा सदस्य : कोई समझाए तो तब जब वह किसी की सुनता हो। बहुत ज़िद्दी और घमंडी है। किसी की कुछ सुनता कहाँ है।

पहला सदस्य : मैं तो आक्रमण के पक्ष में नहीं हूँ बिल्कुल भी।

दूसरा सदस्य : मैं भी नहीं हूँ।

(सभी सदस्य परस्पर बातें कर रहे हैं। किन्तु सेनापति का विरोध करने का साहस कोई नहीं करता है। बहुत देर तक कोई सदस्य खुलकर अपनी राय व्यक्त नहीं करता तो सिद्धार्थ अपने स्थान से उठकर खड़ा होता है। सभा की गहमा-गहमी बन्द हो जाती है। सभी सदस्यों की आँखें उत्सुकता से सिद्धार्थ की ओर उठती हैं। सिद्धार्थ कहता है।)

सिद्धार्थ : मैं आक्रमण के प्रस्ताव का विरोध करता हूँ।

(सिद्धार्थ के यह कहते ही सेनापति असहज हो उठता है। तमतमाए स्वर में पूछता है।)

सेनापति : विरोध का कोई कारण?

सिद्धार्थ : मेरे विरोध का कारण आज भी वही है जो पहले था। पानी बाँटकर इस्तेमाल करने की चीज़ है, क़ब्ज़ा करने की नहीं है। पानी के लिए युद्ध विनाशकारी सिद्ध होगा। युद्ध के विचार को त्याग देना ही उचित है।

(सभी सदस्य मूक दृष्टि से सिद्धार्थ की ओर देखते हैं। उदायी सिद्धार्थ का समर्थन करते हुए कहता है।)

उदायी : मेरा भी यही विचार है कि सेनापति अपने प्रस्ताव पर पुनर्विचार करें।

सेनापति : यह प्रस्ताव अत्यन्त गहन विचार-विमर्श के पश्चात शाक्य परिषद के समक्ष लाया गया है। इसमें पुनर्विचार की कोई आवश्यकता नहीं है।

उदायी : युद्ध अपरिहार्य स्थितियों में ही किया जाना चाहिए। जब तक सम्भव हो युद्ध को टालना चाहिए। मेरे विचार से ऐसी कोई अपरिहार्य स्थिति अभी हमारे राज्य के समक्ष नहीं है।

सेनापति : अपरिहार्य स्थिति आने पर भी युद्ध करना होगा तो तब तक रुकने की क्या आवश्यकता है। हम क्यों न अभी युद्ध करें। वीर लोग समय की प्रतीक्षा नहीं करते।

उदायी : आप युद्ध की बहुत जल्दबाज़ी कर रहे हैं सेनापति।

सेनापति : मैं कोई जल्दबाजी नहीं कर रहा हूँ। कोलीय युद्ध के बारे में सोचें

उससे पहले ही उन पर आक्रमण कर देना सही रणनीति है।
(देवदत्त अपने स्थान से खड़ा होता है और जोशपूर्ण शब्दों में कहता है।)

देवदत्त : सेनापति की बात बिल्कुल सही है। हमें कोलियों पर आक्रमण करके उनको पूरी तरह रोंद देना चाहिए।
(उसके आसपास बैठे युवक उसका समर्थन करते हैं और एक स्वर में कहते हैं।)

समवेत स्वर : बिल्कुल सही। ऐसा ही हो।
(देवदत्त के समर्थन से उत्साहित सेनापति सभा की ओर देखता है और सभापति को सम्बोधित कर कहता है।)

सेनापति : इतनी बड़ी संख्या में लोग प्रस्ताव का समर्थन कर रहे हैं। सभापति महोदय, कृपया प्रस्ताव के अनुमोदन का निर्णय सुनाएँ।
(सेनापति के यह कहते ही बहुत सारे युवक एक साथ अपने स्थानों से खड़े हो जाते हैं और पहले से अधिक ऊँचे स्वर में एक साथ चिल्लाने लगते हैं।)

समवेत स्वर : अब कोई देर मंज़ूर नहीं। जल्दी से आक्रमण का निर्णय करो।
(सभापति युवाओं को शान्त होकर बैठने का आग्रह करता है।)

सभापति : कृपया सब शान्त होकर अपने-अपने स्थान पर बैठ जायें।
(युवक अपने स्थानों पर बैठ जाते हैं। सभापति एक दृष्टि सभा में चारों ओर बैठे सदस्यों पर डालता है और सभा को सम्बोधित करता है।)

सभापति : किसी भी सदस्य को इस विषय में कुछ कहना हो तो कहे।

सेनापति : सब लोग प्रस्ताव के पक्ष में हैं। निर्णय तो हो गया है। अब और कोई क्या कहेगा।
(युवकों का समूह उत्साह से उछलने लगता है। संथागार शोर से भर जाता है। एक कोने में बैठा सिद्धार्थ अपने स्थान से उठकर खड़ा होता है और अपने दोनों हाथ उठाकर ऊँचे स्वर में कहता है।)

सिद्धार्थ : मैं सेनापति के प्रस्ताव से सहमत नहीं हूँ।

सेनापति : तुम्हारी असहमति का कोई अर्थ नहीं है। सभा बहुमत से निर्णय ले चुकी है। यह तुम्हारे लिए भी बाध्यकारी है।

सिद्धार्थ : मैं पानी के लिए युद्ध के निर्णय को कदापि स्वीकार नहीं कर सकता।

सेनापति : *(कठोर स्वर में)* सिद्धार्थ, तुम धृष्टता कर रहे हो।

सिद्धार्थ : मैं वह कह रहा हूँ जो मुझे सही लग रहा है।

सेनापति : *(चेतावनी के स्वर में)* तुम शाक्य सभा के विरुद्ध जा रहे हो।

सिद्धार्थ : *(दृढ़ शब्दों में)* मैं दोनों राज्यों की जनता और मनुष्यता के पक्ष में खड़ा हूँ।

सेनापति : पिछली बैठक में भी तुमने शाक्य सभा के निर्णय का विरोध किया था। तब तुमको दण्डित न करके सुधरने का एक अवसर दिया गया था। तुम पुन: संघ के निर्णय का विरोध कर रहे हो। ध्यान रखो, अब दूसरा मौक़ा नहीं मिलेगा।

सिद्धार्थ : मेरे प्रति उदारता के लिए मैं शाक्य संघ का आभारी हूँ। किन्तु मैं अपने विचार पर दृढ़ हूँ। मैं पानी के लिए युद्ध का कभी समर्थन नहीं करूँगा।

सेनापति : यह तुम्हारा अन्तिम निर्णय है?

सिद्धार्थ : ऐसा ही समझें।

सेनापति : सोच लो। यह शाक्य संघ की अवज्ञा है। दण्ड मिलेगा।

सिद्धार्थ : मुझे दण्ड का भय नहीं है।

सेनापति : तुम पर एक हज़ार स्वर्ण मुद्राओं का दण्ड लगाया जाता है।

सिद्धार्थ : मैं आर्थिक दण्ड नहीं दे सकता।

सेनापति : राजकुमार होने का दंभ दिखा रहे हो?

सिद्धार्थ : नहीं सेनापति।...मैं एक सामान्य नागरिक हूँ। और मेरे पास कोई सम्पत्ति नहीं है।

सेनापति : अर्थदण्ड नहीं दोगे तो और बड़ा दण्ड मिलेगा।

सिद्धार्थ : मैं किसी भी दण्ड के लिए तैयार हूँ।

सेनापति : शायद तुम इस भ्रम में हो कि कौशल नरेश के भय से शाक्य संघ तुमको दण्डित नहीं कर सकता है।

सिद्धार्थ : इतना कायर और कमज़ोर नहीं हूँ। जो भी कह रहा हूँ अपने बल पर कह रहा हूँ।

सेनापति : शाक्य संघ के पास बहुत शक्ति है। संघ तुम्हारे परिवार की सम्पत्ति ज़ब्त कर सकता है।

सिद्धार्थ : शाक्य संघ का दोषी मैं हूँ। दण्ड मुझे दिया जाये मेरे परिवार को नहीं।

सेनापति : *(कुछ सोचते हुए)* तब स्वयं ही बताओ अपने लिए क्या दण्ड उपयुक्त समझते हो।

सिद्धार्थ : दण्ड देना आपका अधिकार है। आप चाहें तो मुझे मृत्युदण्ड दे सकते हैं।

सेनापति : हमारे गणराज्य के विधान में मृत्यदण्ड का प्रावधान नहीं है।

सिद्धार्थ : मुझे राज्य से निष्कासित कर सकते हैं।

सेनापति : यह उपयुक्त नहीं है। कौशल नरेश तुम्हारे मित्र हैं। वह इससे रूष्ट हो सकते हैं।

सिद्धार्थ : यह दण्ड मैं स्वेच्छा से वरण करता हूँ।

सेनापति : बेशक यह तुम स्वेच्छा से वरण कर रहे हो किन्तु कौशल नरेश को पता चलेगा तो वह यही समझेंगे कि तुम्हें यह दण्ड शाक्य गणराज्य ने दिया है, और वह अप्रसन्न होकर शाक्य गणराज्य के विरुद्ध कार्रवाई कर सकते हैं।

सिद्धार्थ : यदि आपके समक्ष यह समस्या है तो मैं आपको दूसरा उपाय सुझाता हूँ।

सेनापति : क्या उपाय है?

सिद्धार्थ : मैं परिव्राजक बनकर राज्य से बाहर जा सकता हूँ। आपके लिए यह मेरा राज्य से निष्कासन ही होगा।

(सेनापति कुछ क्षण के लिए सोचता है। फिर कहता है।)

सेनापति : ठीक है। लेकिन तुम्हारे माता-पिता हैं, पत्नी है। उनकी सहमति के बिना परिव्राजक कैसे बन पाओगे? मुझे सन्देह है कि वे तुम्हें इसकी अनुमति देंगे।

सिद्धार्थ : आप उसकी चिन्ता नहीं करें। उनको समझाना मेरा दायित्व है।

सेनापति : तुमको एक सप्ताह का समय दिया जाता है। एक सप्ताह के अन्दर तुमको राज्य को छोड़कर बाहर जाना होगा।

सिद्धार्थ : एक सप्ताह का समय बहुत अधिक है। मैं उससे पहले ही राज्य से अभिनिष्क्रमण कर जाऊँगा।

(सभी सदस्य उठ खड़े होते हैं। सिद्धार्थ भी उठकर चल देता है।

दृश्य-चार

(राजभवन का एक कक्ष। शुद्धोधन विचार की मुद्रा में बैठे हैं। तेज़ क़दमों से चलता हुआ उदायी कक्ष में प्रवेश करता है। वह हड़बड़ाया हुआ है। तेज़ चलने से उसकी सांसें फूली हुई हैं। आते ही शुद्धोधन से कहता है।)

उदायी : ग़ज़ब हो गया महाराज।

(उदायी के अचानक कक्ष में आने से शुद्धोधन चौंकते हैं, और आश्चर्य से उसकी ओर देखते हुए पूछते हैं।)

शुद्धोधन : क्या हुआ उदायी?

उदायी : शाक्य संघ द्वारा सिद्धार्थ को राज्य से निष्कासित किया गया है।

शुद्धोधन : लेकिन क्यों? ऐसा क्या अपराध किया है सिद्धार्थ ने?

उदायी : उसने कोलियों के विरुद्ध शाक्य सभा द्वारा लिए गये युद्ध के निर्णय का विरोध किया है।

शुद्धोधन : यह क्या कह रहे हो तुम?

उदायी : मैं सही कह रहा हूँ महाराज।

शुद्धोधन : तुम भी तो गणराज्य के मन्त्री हो। हस्तक्षेप कर सकते थे।... तुमने कोई हस्तक्षेप नहीं किया?

उदायी : मैंने हस्तक्षेप किया महाराज और सिद्धार्थ का प्रबल समर्थन किया। किन्तु...

शुद्धोधन : किन्तु क्या...?

उदायी : यह सब सेनापति के प्रस्ताव पर हुआ। और सभा में सेनापति के समर्थकों की संख्या इतनी अधिक थी कि मेरी आवाज़ उनके शोर में दबकर रह गयी। मैं कुछ नहीं कर सका।

(यह सुनकर शुद्धोधन को सदमा सा लगता है। वह असहज हो जाते हैं और किंकर्तव्यविमूढ से बैठे रहते हैं। कुछ देर पश्चात स्वयं को संयत करते हैं और उदायी से पूछते हैं।)

शुद्धोधन : मानता हूँ कि शाक्य संघ के निर्णय का विरोध करने पर दण्ड का प्रावधान है लेकिन इतना बड़ा दण्ड क्यों? कोई अन्य दण्ड दिया जा सकता था। मैं कोई भी अर्थदण्ड देने के लिए तैयार हूँ।

(मंच के दूसरी ओर से सहज भाव से चलता हुआ सिद्धार्थ कक्ष में प्रवेश करता है और शुद्धोधन से कहता है।)

सिद्धार्थ : दण्ड मुझे मिला है पिता जी। आप क्यों भरेंगे?

शुद्धोधन : मैं तुम्हारा पिता हूँ। क्या पिता अपने पुत्र का दण्ड नहीं भर सकता?

सिद्धार्थ : नहीं। दण्ड अपराधी को ही देना पड़ता है।

शुद्धोधन : ऐसा है तो तुम दे दो। यह कौन सी बड़ी बात है।

सिद्धार्थ : लेकिन मेरे पास कोई सम्पत्ति नहीं है।

शुद्धोधन : यह क्या कह रहे हो सिद्धार्थ। हमारे पास जो धन-सम्पदा है, वह सब तुम्हारी ही तो है। तुम कोई भी अर्थदण्ड बहुत सहजता से चुका सकते हो।

सिद्धार्थ : नहीं, पिताजी! यह सारी सम्पत्ति मेरी नहीं आपकी है।

शुद्धोधन : यदि यह बात है तो मैं अपनी सारी सम्पत्ति आज, बल्कि अभी, इसी समय तुम्हारे नाम करता हूँ। तब तुम अपनी सम्पत्ति से अपना दण्ड चुका सकते हो।

सिद्धार्थ : यह आपके द्वारा अर्जित है। मेरे द्वारा अर्जित सम्पत्ति ही मेरी हो सकती है। और मैं स्वयं द्वारा अर्जित सम्पत्ति को ही अर्थदण्ड में दे सकता हूँ।

(शुद्धोधन चुप हो जाते हैं। सिद्धार्थ के निर्णय से उनको बहुत दु:ख होता है। वह अपना माथा पकड़ लेते हैं।)

सिद्धार्थ : मैंने अच्छी तरह सोच-विचार करके ही अपने, परिवार के और राज्य के हित में राज्य से निष्क्रमण करना स्वीकार किया है। मेरे कारण मेरे परिवार का सामाजिक बहिष्कार हो, सम्पत्ति ज़ब्त हो अथवा अन्य कोई कष्ट हो, यह मैं कदापि स्वीकार नहीं कर सकता।

शुद्धोधन : अन्य कोई विकल्प नहीं है?

सिद्धार्थ : नहीं पिताजी। वर्तमान परिस्थितियों में यही एक मात्र विकल्प है। आप मुझे अनुमति और आशीर्वाद दें। मैं अभिनिष्क्रमण की तैयारी करता हूँ।

(यह कहकर सिद्धार्थ कक्ष से बाहर चला जाता है। शुद्धोधन बहुत देर तक दोनों हाथों से अपना माथा पकड़े बैठे रहते हैं। फिर धीरे-धीरे उठकर खड़े होते हैं और थके क़दमों से वह भी चल देते हैं। उनके पीछे-पीछे उदायी भी कक्ष से बाहर निकलता है।)

दृश्य-पाँच

(राजमहल का एक कक्ष। एक बड़े से आसन पर शुद्धोधन बैठे हैं। उनके बायीं ओर एक आसन पर महाप्रजापति गौतमी और सामने की ओर सिद्धार्थ और यशोधरा बैठे हैं। शुद्धोधन सिर झुकाए सिद्धार्थ की ओर देख रहे हैं। गौतमी और यशोधरा शुद्धोधन की ओर देख रही हैं। सब के सब मौन में डूबे हैं। गौतमी मौन को तोड़ती है।)

गौतमी : क्या हुआ है महाराज? आप कुछ चिन्ताग्रस्त दिखायी देते हैं।

शुद्धोधन : *(मरी सी आवाज़ में)* हाँ गौतमी, बात ही कुछ ऐसी है।

गौतमी : हमें भी तो बताइए आप किस बात को लेकर इतने परेशान हैं।

(शुद्धोधन एक दृष्टि सिद्धार्थ पर डालते हैं। फिर गौतमी की ओर देखते हुए कहते हैं।)

शुद्धोधन : क्या बताऊँ गौतमी और कैसे बताऊँ। मैं इतना परेशान हूँ तो सुनकर तुम और बहु यशोधरा कितनी परेशान होगी।

(गौतमी और यशोधरा विस्मय से पहले एक-दूसरे की ओर, फिर सिद्धार्थ की ओर देखती हैं। सिद्धार्थ शान्त मुद्रा में बैठा है। उसके चेहरे पर चिन्ता का कोई भाव नहीं है।)

गौतमी : आप बताइए महाराज जो भी बात है। हम सुनना चाहते हैं।

शुद्धोधन : इसीलिए तो आप सब को यहाँ बुलाया है।

(यह कहते हुए शुद्धोधन की आवाज़ में दर्द उभर आता है। वह कहते हैं।)

शुद्धोधन : शाक्य संघ द्वारा सिद्धार्थ को दण्डित किया गया है।

(यह सुनकर गौतमी और यशोधरा दोनों आश्चर्य से चौंकती हैं। उनको झटका सा लगता है। प्रश्नसूचक दृष्टि से पहले सिद्धार्थ की ओर और फिर शुद्धोधन की ओर देखती हैं। सिद्धार्थ पर कोई प्रतिक्रिया नहीं होती। वह शान्त बैठा है। गौतमी के मन में वात्सल्य हिलौरे मारने लगता है। वह असहज हो जाती है और शुद्धोधन की ओर देखती हुई प्रश्नों की बौछार लगा देती है।)

गौतमी : सिद्धार्थ को दण्डित किया गया है?...लेकिन क्यों? ऐसा क्या अपराध किया है उसने? मेरा सिद्धार्थ तो न कभी किसी से लड़ता-झगड़ता है और न किसी का दिल दु:खाता है। कभी अनावश्यक बात भी वह किसी से नहीं करता है। फिर क्यों दण्डित किया गया है सिद्धार्थ को?...और आप? आप तो राजा हो कपिलवस्तु के। आपके रहते मेरे बेटे के साथ यह सब क्यों हो गया?

शुद्धोधन : मैं राजा अवश्य हूँ, लेकिन राज्य के नियम-क़ानूनों से ऊपर नहीं हूँ। सिद्धार्थ को शाक्य संघ ने दण्डित किया है। शाक्य संघ का निर्णय सबको मानना पड़ता है। मैं उसमें हस्तक्षेप नहीं कर सकता।

गौतमी : क्या दण्ड लगाया है शाक्य संघ ने? कुछ अर्थदण्ड ही तो लगाया होगा न? क्या हम उतना अर्थदण्ड दे नहीं सकते?

शुद्धोधन : एक हज़ार सवर्ण मुद्राओं का अर्थदण्ड लगाया गया था। यह कोई बड़ी धनराशि नहीं है। हम आसानी से दे सकते थे। लेकिन...'

गौतमी : लेकिन क्या महाराज?

शुद्धोधन : सिद्धार्थ ने अर्थदण्ड देने से इन्कार कर दिया है।

गौतमी : *(विस्मय से शुद्धोधन की ओर देखती हुई)* अर्थात?

शुद्धोधन : अर्थदण्ड नहीं देने पर सिद्धार्थ को दो वर्ष के लिए राज्य से निष्कासित किया गया है।

गौतमी : क्या कहा?...राज्य से निष्कासन?

(राज्य से निष्कासन की बात सुनते ही अब तक शान्त बैठी यशोधरा को भी झटका सा लगता है। वह अन्दर तक हिल उठती है। सहसा उसकी आँखों में आँसू छलक आते हैं। भारी मन से वह बोलती है।)

यशोधरा : यदि मेरे स्वामी राज्य से निष्कासित होंगे तो मैं भी उनके साथ जाऊँगी। मैं उनके बिना नहीं रह सकती।

(गौतमी की आँखें भी दुःख से गीली हो जाती हैं और उसका कण्ठ अवरुद्ध हो जता है। अवरुद्ध कण्ठ से वह कहती है।)

गौतमी : जब से सिद्धार्थ का जन्म हुआ है तब से उसका मुँह देखे बिना कभी मेरा दिन नहीं निकला। अपने पुत्र के बिना मैं भी नहीं रह सकती। मैं भी सिद्धार्थ के साथ जाऊँगी।

शुद्धोधन : तुम लोग क्या समझते हो कि मुझे अपने पुत्र से प्यार या लगाव नहीं है। सिद्धार्थ मेरी आँखों का तारा है। उसके बिना एक दिन रह पाना मेरे लिए भी दुष्कर है।

(शुद्धोधन का मन भी दुःख से भारी हो जाता है। थोड़ी देर के लिए वातावरण में नीरवता छा जाती है। सब अन्दर ही अन्दर दुःखी और परेशान हैं। सब के अन्दर उथल-पुथल है। लेकिन कोई कुछ बोल नहीं पा रहा है। सब एक-दूसरे की ओर देख रहे हैं। शुद्धोधन कोशिश करके स्वयं को संभालते हैं और अपने मन की बात कहते हैं।)

शुद्धोधन : सिद्धार्थ के बिना हम सबका ही यहाँ क्या है। इसलिए ऐसा करते हैं कि सिद्धार्थ के साथ हम सब भी राज्य को छोड़कर उसके साथ चलते हैं। वह जहाँ भी रहेगा हम सब उसके साथ रहेंगे।

गौतमी : आप ठीक कहते हैं। ऐसा ही करेंगे।

(गौतमी अपने आसन से उठने का उपक्रम करते हुए यशोधरा से कहती है।)

गौतमी : यशोधरा, चलो बहु, सामान बांधो। चलने की तैयारी करते हैं।

(गौतमी और यशोधरा दोनों उठकर चलने लगती हैं। सिद्धार्थ उनको रोकता है।)

सिद्धार्थ : नहीं, मेरे साथ कोई नहीं जायेगा। मैं अकेला ही राज्य से बाहर जाऊँगा।

गौतमी : क्यों? अकेले क्यों जाओगे तुम? हम सब तुम्हारे साथ चलेंगे।

सिद्धार्थ : यह दण्ड मुझे अकेले को मिला है और मुझे ही भोगना होगा। आप लोगों को कोई दण्ड नहीं मिला है।

(गौतमी और यशोधरा सहम कर जहाँ की तहाँ खड़ी रह जाती हैं। शुद्धोधन भी हतप्रभ से रह जाते हैं। सब मायूसी से सिद्धार्थ की ओर देखते हैं। सिद्धार्थ के चहरे पर दृढ़ता है। शुद्धोधन सिद्धार्थ की ओर देखते हुए कुछ सोचते हैं। फिर सिद्धार्थ से कहते हैं।)

शुद्धोधन : ठीक है, तुम अकेले ही राज्य से बाहर जाना चाहते हो तो पास के मगध राज्य में चले जाओ। वहाँ के राजा हमारे मित्र हैं। वहाँ तुम्हें किसी तरह की कोई तकलीफ़ नहीं होगी और तुम राजसी ठाठ-बाट से रह सकते हो।

सिद्धार्थ : नहीं पिता जी। राज्य से निष्कासन का तात्पर्य किसी दूसरे राज्य में जाकर सुख-सुविधापूर्वक रहना नहीं है। अपितु राज्य से बाहर किसी अपरिचित स्थान और परिवेश में जाकर सामान्य जीवन जीना है, जहाँ किसी भी परिचित व्यक्ति से किसी तरह का कोई सम्बन्ध और सम्पर्क नहीं हो। मैं जानता हूँ एक राजकुमार के लिए यह चुनौतीपूर्ण होगा, किन्तु मैं इस चुनौती का सामना करना चाहता हूँ।

यशोधरा : लेकिन मैं तो आपकी पत्नी हूँ स्वामी। आपकी अर्धांगिनी, आपके जीवन का हिस्सा हूँ। मैं तो आपके साथ चल ही सकती हूँ।

सिद्धार्थ : मैं और तुम दोनों दो अलग मनुष्य हैं। तुम्हारा अपना स्वतन्त्र जीवन और अस्तित्व है। मैं तुमको मुझे मिले दण्ड की सहभागी नहीं बना सकता।

(यशोधरा निराश होकर ख़ामोश रह जाती है। शुद्धोधन करूण दृष्टि से यशोधरा की ओर देखते हैं। फिर सिद्धार्थ को सम्बोधित कर कहते हैं।)

शुद्धोधन : यशोधरा सही कह रही है सिद्धार्थ। हमारी बात छोड़ो। हम किसी तरह तुम्हारे बिना रह लेंगे। लेकिन तुम यह तो सोचो कि पत्नी के अलावा तुम्हारा एक अल्पायु पुत्र भी है। उसको पिता के साये की आवश्यकता है। तुम अपनी पत्नी और पुत्र को तो अपने साथ ले जाओ। हमें भी कुछ सन्तोष रहेगा।

सिद्धार्थ : पिता जी, आप कपिलवस्तु के राजा हैं। आप पर न्याय, लोकतंत्र और मानवीय मूल्यों की रक्षा का दायित्व है। आपकी न्यायप्रियता के कारण जनता में आपका बहुत सम्मान है। आप जो कह रहे हैं वह न्यायपूर्ण नहीं है। पुत्र मोह के कारण आप ग़लत उदाहरण बनेंगे तो जनता में आपकी क्या छवि बनेगी? आपको राजोचित व्यवहार करना चाहिए पिता जी। और इस बात पर गर्व करना चाहिए कि आपका पुत्र आपके मूल्यों पर चल रहा है।

शुद्धोधन : *(सिद्धार्थ की ओर देखते हुए)* सिद्धार्थ, हमें तुम पर हमेशा गर्व रहा है, और आगे भी रहेगा। तुम्हारा अकेले ही जाने का दृढ़ निश्चय है तो हम तुमको तुम्हारे निश्चय से नहीं डिगाएँगे। तुम जहाँ भी रहोगे हमारा प्यार और आशीर्वाद हमेशा तुम्हारे साथ रहेगा।

(यह कहकर वह एक क्षण रूकते हैं। फिर सिद्धार्थ से पूछते हैं।)

शुद्धोधन : कब जाओगे?

सिद्धार्थ : (दृढता से) यथा शीघ्र।

(सुनकर सब सहम से जाते हैं और घबराहट में एक-दूसरे की ओर देखने लगते हैं। यशोधरा की आँखों से आँसू बहने लगते हैं। घबराहट से उसका गला अवरुद्ध हो जाता है। अवरुद्ध गले से वह मुश्किल से कह पाती है।)

यशोधरा : अति शीघ्र?...

सिद्धार्थ : *(दृढ़ता से)* हाँ।

यशोधरा : क्या अपना जाना कुछ दिन के लिए स्थगित नहीं कर सकते आप?

(अश्रुपूरित दृष्टि से वह सिद्धार्थ की ओर देखती है। सिद्धार्थ मौन रहता है।)

शुद्धोधन : *(थके से स्वर में)* इतनी जल्दी क्या है? बहु की भावनाओं को समझने की कोशिश करो। शाक्य संघ ने एक सप्ताह का समय दिया है। अन्तिम दिन तक तो रुक जाओ। उसके बाद चले जाना। तब तक हमें भी थोड़ा सम्भलने का समय मिल जायेगा।

सिद्धार्थ : *(अनुत्साही स्वर में)* मैं कोशिश करूँगा।

शुद्धोधन : हुमम्म।

(शुद्धोधन अपने आसन से उठते हैं और थके-टूटे क़दमों से कक्ष से बाहर निकलते हैं। उनके साथ-साथ अन्य सब भी उठकर अपने-अपने कक्षों की ओर चल देते हैं।)

दृश्य-छः

(रात्रि का तीसरा प्रहार। राजमहल की दूसरी मंज़िल पर स्थित सिद्धार्थ और यशोधरा का शयन-कक्ष। शय्या पर एक ओर यशोधरा अपने पुत्र राहुल को वक्ष से चिपकाए सो रही है। शय्या के दूसरी ओर राजकुमार सिद्धार्थ गम्भीर मुद्रा में बैठा कुछ सोच रहा है। सहसा वह बिस्तर से उठता

है। शयन कक्ष से निकलकर नीचे महल के प्रांगण में आता है और छंदक को आवाज़ लगाता है।)

सिद्धार्थ : छंदक।

(छंदक एक छोटे कक्ष में सोया हुआ है। सिद्धार्थ की आवाज़ सुनकर तुरन्त नींद से जाग जाता है और हड़बड़ाकर आँखें मलते हुए कक्ष से बाहर आता है। सिद्धार्थ के सम्मुख आकर हाथ जोड़कर पूछता है।)

छंदक : कहिए राजकुमार, क्या आदेश है?

सिद्धार्थ : कंथक को लाओ। मैं अभिनिष्क्रमण करूँगा।

(छंदक प्रश्नसूचक दृष्टि से सिद्धार्थ की ओर देखता है और दु:खी मन से कहता है।)

छंदक : अभिनिष्क्रमण?...रात्रि के इस प्रहार में राजकुमार...?

सिद्धार्थ : *(दृढ़ता से)* हाँ, इसी समय। तत्काल।

छंदक : परिवार में सब सोए हैं। क्या उनको सोते हुए छोड़कर जाओगे?

सिद्धार्थ : हाँ, उनके जागने पर जाऊँगा तो सब रोएँगे। वह उनके लिए बहुत कष्टदायी होगा। मैं उनको यह कष्ट नहीं देना चाहता।

छंदक : कष्ट तो उनको तब भी होगा राजकुमार जब प्रात: उनकी आँखें खुलेंगी और आपको महल में नहीं पाएँगे।

सिद्धार्थ : तब भी होगा, लेकिन तब कुछ कम होगा।...जाओ, जल्दी करो।

(छंदक की आँखों में आँसू उमड़ आते हैं। अश्रुपूरित दृष्टि से वह एक बार पुन: सिद्धार्थ की ओर देखता है। किन्तु सिद्धार्थ के तेजयुक्त चेहरे पर उभरी दृढ़ता देख वह कुछ नहीं बोल पाता और शिथिल क़दमों से कंथक को लाने के लिए अस्तबल की ओर चला जाता है।

सिद्धार्थ कुछ क्षण वहाँ खड़ा सोचता रहता है। फिर सीढ़ियाँ चढ़कर वापस अपने शयन कक्ष में जाता है। यशोधरा गहरी नींद में सोयी है। राहुल के मन में विचार आता है कि यशोधरा को जगाकर उससे विदा ले। यशोधरा को जगाने के लिए उसकी

ओर हाथ बढ़ाता है। किन्तु अपना हाथ बीच में ही रोक लेता है। फिर वह यशोधरा की बग़ल में सो रहे राहुल को देखता है। उसके मन में पुत्र के प्रति वात्सल्य उमड़ता है। जाने से पहले वह एक बार राहुल को चूमना चाहता है। धीरे से अपने दोनों हाथ राहुल की ओर बढ़ाता है। किन्तु राहुल के पास तक पहुँचते ही झटके से अपने हाथों को वापस खींच लेता है और शयन कक्ष से बाहर निकल आता है। तेज़ी से सीढ़ियाँ उतर वह प्रांगण में आता है। वहाँ छंदक कंथक को लेकर खड़ा है। छंदक के पास आकर वह बहुत प्रेम से उसके कंधे पर हाथ रखता है।)

सिद्धार्थ : छंदक, मैं अब चलूँगा।

(सिद्धार्थ के यह कहते ही छंदक की आँखों से अश्रुधारा बहने लगती है। वह ज़मीन पर बैठ जाता है। अपने दोनों हाथों से सिद्धार्थ के पैरों को पकड़ता है और उन पर अपना सिर रखकर विनती करता है।)

छंदक : मैं आज तक कभी आपकी छाया से दूर नहीं रहा राजकुमार। मुझे आपके साथ, आपकी छाया में रहने की आदत पड़ गयी है। आज आपकी छाया से दूर रहने की कल्पना ही मुझे डरा रही है।...राजकुमार, परिजनों को आप साथ नहीं ले जा सकते, लेकिन मैं तो सेवक हूँ। मुझे तो आप अपने साथ ले जा सकते हैं। अकेले पता नहीं आप कैसे रहेंगे, आपकी देखभाल के लिए मैं आपके साथ चलूँगा। कृपया मुझे अपने साथ चलने दें।

सिद्धार्थ : छंदक, मैंने अकेले जाने का निश्चय किया है। मैं अकेला ही जाऊँगा।

(छंदक दोनों हाथों से कसकर सिद्धार्थ के पैर पकड़ लेता है और गिड़गिड़ाता हुआ कहता है।)

छंदक : ऐसा मत कहो स्वामी। मुझे अपने साथ चलने दो।

सिद्धार्थ : मैं मानता हूँ तुम मेरे बहुत आत्मीय हो और मेरे लिए किसी परिजन से कम नहीं हो। जिस तरह परिवार के अन्य सदस्यों को मेरे राज्य से बाहर जाने का दुःख है, तुमको भी उनसे कम

दु:ख नहीं होगा। लेकिन मैं तुमको साथ नहीं ले जा सकता। मैं विवश हूँ मेरे मित्र।

छंदक : *(आँखों से टपकते आँसुओं को अपने हाथों से पोंछते हुए)* जैसी आपकी आज्ञा राजकुमार। लेकिन राज्य की सीमा तक तो मैं आपके साथ चल ही सकता हूँ। कृपया उसके लिए इन्कार मत कीजिए।

सिद्धार्थ : ठीक है।

(इतना कहकर सिद्धार्थ उछलकर अपने प्रिय अश्व कंथक की पीठ पर सवार हो जाता है और छंदक से कहता है।)

सिद्धार्थ : आओ। मेरे पीछे बैठ जाओ।

(छंदक भी उछलकर सिद्धार्थ के पीछे बैठ जाता है। छंदक के बैठते ही सिद्धार्थ लगाम खींचकर अश्व को आगे बढ़ने का इशारा करता है। कंथक आगे क़दम बढ़ाता है और लम्बी-लम्बी टापें भरता हुआ कुछ ही क्षणों में राजमहल से बाहर हो जाता है। राजमहल से बाहर निकलने पर सिद्धार्थ एक बार पीछे मुड़कर राजमहल को देखता है और पैरों से ऐड लगाकर अश्व की गति बढा देता है। अपनी टापों से रात के सन्नाटे को चीरता हुआ कंथक राजपथ पर दौड़ने लगता है।

राज्य की सीमा आ जाने पर सिद्धार्थ छंदक के साथ अश्व से नीचे उतरता है। अपने शरीर पर धारण समस्त राजसी वस्त्र और आभूषण उतारकर काषाय वस्त्र धारण करता है। अपने हाथ में पकड़ी तलवार से अपने केश काटता है। केश और वस्त्राभूषण छंदक को देने के लिए उसकी ओर हाथ बढ़ाता है।)

सिद्धार्थ : लो छंदक।

(छंदक आश्चर्य से सिद्धार्थ की ओर देखता है।)

छंदक : यह क्या राजकुमार?

सिद्धार्थ : ये एक राजकुमार के वस्त्र और आभूषण हैं। अब मैं राजकुमार नहीं हूँ। ये वस्त्र और आभूषण अब मेरे किसी काम के नहीं हैं। इन्हें तुम ले जाओ।

(छंदक की आँखों से आँसू बहने लगते हैं। उसके मुँह से कोई शब्द नहीं निकल पाता। केवल अश्रुपूरित आँखों से वह सिद्धार्थ की ओर देखता है।)

छंदक : इनका क्या करूँ स्वामी?

सिद्धार्थ : इनको ले जाकर तुम शाक्य संघ को पहुँचा देना ताकि वे आश्वस्त हों जायें कि मैं राज्य को छोड़कर जा चुका हूँ। और हाँ, मुझे यह अवसर देने के लिए उनको मेरा धन्यवाद कहना।

(छंदक के हाथों में वस्त्राभूषण देकर सिद्धार्थ मित्रवत उसे अपने गले से लगाता है। फिर कंथक की ओर मुड़ता है। कंथक के शरीर पर हाथ फेरता है। उसके मुँह को अपने हाथों में लेकर प्यार से चूमता और पुचकारता है।)

सिद्धार्थ : प्रिय कंथक, तुम भी मेरे लिए मित्रवत रहे हो। न जाने कितने दुर्गम और कठिन स्थलों और मार्गों से तुमने मुझे पार कराया है। तुम्हारे बिना मैं स्वयं को अधूरा पाता था। बहुत साथ दिया है तुमने मेरा।...हमारा साथ यहीं तक था। अब विदा मेरे मित्र...।

(इतना कहकर सिद्धार्थ अश्व की लगाम छंदक के हाथों में थमाता है।)

सिद्धार्थ : यह लो छंदक, कंथक को अब मैं तुम्हें सौंपता हूँ। इसका ध्यान रखना।

छंदक : *(दोनों हाथ जोड़कर)* लेकिन राजकुमार, मैं यह सब लेकर कैसे कपिलवस्तु वापस जाउंगा? कैसे राजमहल में प्रवेश कर पाउँगा? लोगों की उत्सुक निगाहें आपके बारे में जानने को मेरी ओर देखेंगी तो मैं कैसे उनको बताऊँगा कि हमारे प्रिय और सुकुमार राजकुमार अब सन्यासी बनकर वीरान जंगल में अकेले भूखे-प्यासे भटक रहे हैं...यह सब मुझसे नहीं होगा राजकुमार।

सिद्धार्थ : तो क्या करोगे?

छंदक : मैं भी सन्यासी बन जाता हूँ और आपके साथ चलता हूँ।

सिद्धार्थ : नहीं, तुम वापस जाओ छंदक, और पिताजी, माताजी, यशोधरा,

समस्त नगरवासियों और राज्य की जनता को यह सन्देश दो कि मैं कुशल और प्रसन्न हूँ।

(इतना कहकर सिद्धार्थ राज्य की सीमा पार कर एक सुनसान मार्ग पर अपने क़दम बढ़ाता है और अनजान गंतव्य की ओर बढ़ जाता है।)

(पर्दा गिरता है।)

अंक-तीन

(पर्दा उठता है)

दृश्य-एक

(राजगृह। मगध राज्य की राजधानी। हाथ में भिक्षा पात्र लिए सन्यासी वेश में सिद्धार्थ नगर में भिक्षाटन कर रहे हैं। उनके पीछे लोगों का अपार समूह है। जिसमें बहुत से स्त्री, पुरुष और बच्चे हैं। सभी कोतूहल से सिद्धार्थ को देख रहे हैं और उनके विषय में चर्चा कर रहे हैं। दो स्त्रियाँ परस्पर वार्तालाप कर रही हैं।)

पहली स्त्री : देखो तो बहिन, कितना सुन्दर और सुकुमार है। पता नहीं क्यों भिक्षु बना है।

दूसरी स्त्री : हाँ, और देखो कितना बलशाली भी है।

पहली स्त्री : सुना है यह कपिलवस्तु के राजा का बेटा है।

दूसरी स्त्री : *(आश्चर्य से)* ऐं...? राजकुमार है? ज़रूर किसी मुसीबत में होगा तभी दर-दर भटक रहा है। नहीं तो अपने राजमहल में सुख भोग रहा होता।

पहली स्त्री : यह भी सुना है कि इसकी पत्नी और एक पुत्र भी है।

दूसरी स्त्री : पत्नी और पुत्र को छोड़कर भिक्षु बना है, यह तो बड़ी ग़लत बात है। तब तो यह बहुत ग़ैर-ज़िम्मेदार है।

पहली स्त्री : हो सकता है पत्नी से अनबन और कलह रहती हो। इसी दुःख में भिक्षु बन गया हो।

दूसरी स्त्री : कैसी स्त्री होगी वह जिसने अपने पति को भिक्षु बन जाने दिया। उसकी जगह मैं होती तो उसके हर सुख और आवश्यकता का ध्यान रखती। ख़ूब सेवा करती। कभी भिक्षु नहीं बनने देती।

पहली स्त्री : पता नहीं बहिन। असली कारण क्या है यह तो वही जाने। लेकिन कोई बड़ा कारण अवश्य रहा होगा, नहीं तो राजमहल का सुख छोड़कर दर-दर भिक्षा माँगकर खाने का कठोर निर्णय कोई कदापि नहीं लेगा।

(कुछ पुरुष भी आपस में बातें कर रहे हैं।)

एक पुरुष : देखो कितना तेजवान चेहरा है इस भिक्षु का। कितना गुरु गम्भीर भी है। यह साधारण भिक्षु नहीं है।

दूसरा व्यक्ति : हाँ, सही कह रहे हो भाई, यह सच में साधारण व्यक्ति नहीं है। शाक्य गणराज्य के राजा शुद्धोधन का पुत्र, राजकुमार सिद्धार्थ है।

पहला व्यक्ति : वही राजकुमार सिद्धार्थ जो सभी युद्ध कलाओं में निपुण, अद्‌भुत वीर और पराक्रमी योद्धा है।

दूसरा व्यक्ति : हाँ, और वीरता से भी अधिक अपनी करुणा के लिए प्रसिद्ध है। सुना है उसका हृदय सभी जीवों और मनुष्यों के प्रति करुणा और प्रेम से भरा है। उससे दूसरों का दु:ख नहीं देखा जाता है। वह हिंसा और युद्ध का विरोधी है। सदैव दीन-दु:खियों की सेवा और सहायता के लिए तत्पर रहता है।

पहला व्यक्ति : ऐसे करुणाशील और सहृदय व्यक्ति को भिक्षु नहीं राजा होना चाहिए। आज राजकुमार था, कल को राजा बनता तो जनता की समस्याओं का अच्छी तरह समाधान कर ज़्यादा अच्छी सेवा और कल्याण कर सकता था।

दूसरा व्यक्ति : बात तो सही है तुम्हारी भैया। लेकिन उसकी भी मजबूरी होगी तभी वह भिक्षु बना है।

पहला व्यक्ति : ऐसी कौन सी मजबूरी हो सकती है जो वह इतना कष्ट सह रहा है।

दूसरा व्यक्ति : क्या पता पत्नी से अनबन हुई हो और इसी कारण वह घर छोड़कर सन्यासी बन गया हो।

पहला व्यक्ति : *(हास्य के स्वर में)* तब तो बड़ा अच्छा किया है उसने सन्यासी बनकर। ये पत्नियाँ भी एक आफ़त हैं। बहुत मुश्किल है पत्नियों के साथ निर्वाह करना। न कुछ सुनती हैं न समझती हैं, हमेशा तनतनायी रहती हैं।

(एक स्त्री उनके पास से गुजरती है। वह दूसरे व्यक्ति की पत्नी है। उन लोगों की बात सुन वह अपने क़दम रोक लेती है और अपने पति की ओर ग़ुस्से से देखती हुई कहती है।)

स्त्री : अच्छा, तो पत्नियाँ आफ़त होती हैं।...अभी बताती हूँ।

(कहने के साथ वह अपने हाथों को मसलती हुई आक्रमण की मुद्रा में पति की ओर बढ़ती है। व्यक्ति बचाव की मुद्रा में अपने दोनों हाथों को चेहरे के आगे कर पीछे हटता है और विनीत स्वर में कहता है।)

पहला व्यक्ति : अरे, यह मेरे मुँह से ग़लती से निकल गया है।...पत्नियाँ तो बहुत अच्छी होती हैं। और तुम तो इतनी अच्छी हो कि क्या बताऊँ। भला मैं तुम्हारे बारे में ऐसा सोच सकता हूँ।

स्त्री : अच्छा। सामने दिखायी दे गयी तो बहुत अच्छी हूँ नहीं तो पीठ के पीछे आफ़त हूँ।

पहला व्यक्ति : *(गिड़गिड़ाता हुआ)* अरे भाग्यवान, मैं जो कुछ भी हूँ तुमसे ही तो हूँ। तुम्हारे बिना मेरा क्या वजूद है भला।

(स्त्री धीमे-धीमे मुस्कुराती हुई वहाँ से चली जाती है। उन लोगों की चर्चा पुन: आगे बढ़ती है।)

दूसरा व्यक्ति : सुना है उसे राज्य से निष्कासित किया गया है।

पहला व्यक्ति : (आश्चर्य से) क्या उसने किसी की हत्या की है? या कोई अन्य बड़ा अपराध किया है?

दूसरा व्यक्ति : नहीं, उसने किसी हत्या नहीं की, और न कोई अन्य अपराध किया है। उसने युद्ध का विरोध किया है, ताकि युद्ध में लोग एक-दूसरे को मारें और मरें नहीं।

पहला व्यक्ति : केवल इस कारण उसे राज्य से निष्काषित किया गया है? यह तो कोई अपराध नहीं है। बल्कि अच्छा और नेक काम किया है उसने।

दूसरा व्यक्ति : उससे भी बड़ी बात यह कि वह युद्ध पानी के लिए था जिसका सिद्धार्थ ने विरोध किया। सिद्धार्थ का कहना था कि हर खेत और हर जीव को पानी मिलना चाहिए। पानी सबकी आवश्यकता है। किसी को भी पानी से वंचित करना अनुचित और अमानवीय है।

पहला व्यक्ति : बात तो बहुत सही बात है सिद्धार्थ की। पानी तो प्रेम की तरह बहता है। पानी का उपयोग भी परस्पर प्रेम से ही होना चाहिए। पानी के लिए हिंसा करना, रक्त बहाना बिल्कुल भी ठीक नहीं है।

दूसरा व्यक्ति : जो लोग अहिंसा और प्रेम का मूल्य नहीं समझते उनके लिए हिंसा ही प्रिय होती है। और हिंसा के लिए वे अहिंसा की हत्या करते हैं।

पहला व्यक्ति : ऐसा तो नहीं कि राजा शुद्धोधन की किसी अन्य रानी से भी दूसरा पुत्र हो और उसको राजा बनवाने के लिए सिद्धार्थ को निष्काषित कराया गया हो।

दूसरा व्यक्ति : नहीं ऐसी बात नहीं है। राजा शुद्धोधन की एक ही पत्नी है महाप्रजापती गौतमी और सिद्धार्थ उसके कलेजे का टुकड़ा है।

पहला व्यक्ति : मुझे तो सिद्धार्थ के साथ सहानुभूति है। समझ नहीं पा रहा हूँ उनके लिए मैं क्या करूँ। यदि वह स्वीकार कर लें तो प्रतिदिन मैं उनको अपने घर पर ससम्मान भोजन कराऊँ। मुझे बहुत ख़ुशी और सन्तोष होगा।

दूसरा व्यक्ति : तुम्हारा विचार बहुत उत्तम है मित्र। लेकिन सिद्धार्थ एक दिन में एक ही घर से भिक्षा माँगते हैं और उस घर से उनको भिक्षा पात्र में जो कुछ मिल जाता है वही उनके लिए यथेष्ट होता है। एक ही घर में भी वह बार-बार भिक्षा के लिए नहीं जाते हैं। *(भिक्षाटन करते सिद्धार्थ उन लोगों के निकट आ जाते हैं। दूसरे व्यक्ति की दृष्टि सिद्धार्थ पर पड़ती है। सिद्धार्थ की ओर संकेत करते हुए वह पहले व्यक्ति से कहता है।)*

दूसरा व्यक्ति : देखो, एक घर से उनको जो भिक्षा मिल गयी है उसी से सन्तुष्ट होकर वह वापस लौट रहे हैं।

पहला व्यक्ति : यह विलक्षण है। हमें सिद्धार्थ के लक्ष्य में उनका सहभागी होना चाहिए।

दूसरा व्यक्ति : हाँ, सही कहते हो। ऐसे व्यक्ति का साथ देना मानवता की सबसे बड़ी सेवा है।

पहला व्यक्ति : लेकिन उनका साथ किस प्रकार दे सकते हैं हम?

दूसरा व्यक्ति : प्रेम और अहिंसा के मार्ग पर चलना ही उनका साथ देना है। हमें अपने जीवन में इसी मार्ग का अनुसरण करना चाहिए।

पहला व्यक्ति : बिल्कुल सही कहते हो। हम अकेले ही इस मार्ग पर नहीं चलें बल्कि अन्य लोगों से भी इस मार्ग का अनुसरण करने को कहें।

दूसरा व्यक्ति : हाँ, चलो। लोगों को यह बात समझाते हैं।

(वे बातें करते हुए सिद्धार्थ की ओर देखते रहते हैं। धीरे-धीरे सिद्धार्थ उनकी आँखों से ओझल हो जाते हैं।)

दृश्य-दो

(राजगृह। राजभवन के एक कक्ष में मगध नरेश बिंबिसार सिंहासन (एक उच्च आसन) पर बैठे हैं। उनके आसपास बिछे आसनों पर कुछ मन्त्री बैठे है। राज्य की किसी समस्या पर मन्त्रणा हो रही है। इसी बीच नेपथ्य में भीड़ का शोर उभरता है। बिंबिसार मन्त्रणा बीच में रोककर कक्ष से बाहर खड़े दरबारी को बुलाते हैं और जिज्ञासा से पूछते हैं।)

बिंबिसार : बाहर जाकर देखो यह शोर कैसा है?

दरबारी : जो आज्ञा महाराज।

(यह कहकर दरबारी एक रास्ते से मंच से जाता है और कुछ देर में उसी रास्ते से मंच पर वापस आता है और बिंबिसार को बताता है।)

दरबारी : महाराज, शाक्य गणराज्य के राजकुमार सिद्धार्थ सन्यासी वेश में भिक्षा माँगते हुए नगर की गलियों में घूम रहे हैं। उनको देखने वालों की भीड़ उमड़ी हुई है। यह उसी का शोर है।

(सिद्धार्थ का नाम सुनकर बिंबिसार को विस्मय होता है। एक क्षण को वह सोच में डूब जाते हैं। उन्हें सहसा इस सूचना पर विश्वास नहीं होता है। अपना विस्मय व्यक्त करते हुए वह दरबारी से पूछते हैं।)

बिंबिसार : *(विस्मय से)* शुद्धोधन पुत्र सिद्धार्थ?

दरबारी : हाँ महाराज, वही हैं।

(यह सुनकर बिंबिसार कुछ देर के लिए विचारमग्न हो जाते हैं। फिर सेवक को आदेश देते हैं।)

बिंबिसार : उनका अनुगमन करो और पता लगाओ वह कहाँ पर ठहरे हैं।

दरबारी : जो आज्ञा महाराज।

(दरबारी राजभवन से बाहर निकलता है और सिद्धार्थ के पीछे-पीछे जाता है। सिद्धार्थ नगर से बाहर निकलते हैं। एक पर्वतीय चट्टान के पास बैठकर भिक्षा पात्र में मिले भोजन को खाते हैं। फिर पहाड़ी पर चढ़ जाते हैं। और एक पर्ण कुटी के अन्दर प्रवेश करते हैं। दरबारी जिस मार्ग से सिद्धार्थ का पीछा करता हुआ गया था उसी मार्ग से वापस लौट आता है। राजभवन पहुँचते ही बिंबिसार उससे पूछते हैं।)

बिंबिसार : क्या ख़बर लाए हो?

दरबारी : महाराज। सिद्धार्थ राजगृह के दक्षिण में स्थित पहाड़ी पर एक पर्ण कुटी में रहते हैं।

बिंबिसार : जाओ, रथ तैयार करवाओ। मैं उनसे मिलने जाऊँगा।

दरबारी : जो आज्ञा महाराज।

(दरबारी चला जाता है। बिंबिसार मन्त्रणा स्थगित कर देते हैं और उपस्थित मन्त्रियों से कहते हैं।)

बिंबिसार : आप लोगों को ज्ञात हो गया है कि शाक्य गणराज्य के राजकुमार सिद्धार्थ हमारे नगर में आये हुए हैं। शाक्य गणराज्य के साथ हमारे घनिष्ठ और मित्रवत सम्बन्ध हैं। मुझे सिद्धार्थ से मिलने के लिए जाना है। इसलिए आज की मन्त्रणा को स्थगित किया जाता है।

(सभी मन्त्रीगण अपने आसनों से उठते हैं और बिंबिसार के समक्ष सिर झुकाकर चले जाते हैं। बिंबिसार भी अपने आसन से उठकर खड़े होते हैं।)

दृश्य-तीन

(दिन का तीसरा प्रहार। सघन जंगल में एक पहाड़ी पर एक छोटी सी कुटी। आसपास आकाश को छूते ऊँचे-ऊँचे वृक्ष हैं। कुटी के पास एक बड़े और ऊँचे पत्थर पर काषाय वस्त्र धारण किए सिद्धार्थ गौतम पद्मासन लगाये ध्यान मुद्रा में बैठे हैं। सामने एक टेढ़ा-मेढ़ा रास्ता दिखायी देता है। उसी रास्ते से पहाड़ी पर चढ़कर राजा बिंबिसार अपने कुछ अनुचर और सैनिकों के साथ वहाँ पहुँचते हैं। कुटी से कुछ क़दम पहले हाथ के संकेत से सब को वहीं पर रुकने का निर्देश देते हुए वह अकेले सिद्धार्थ के समीप जाते हैं। सिद्धार्थ का मुँह दूसरी ओर है। उनका ध्यान बिंबिसार की ओर नहीं है।)

बिंबिसार : *(विनोदपूर्ण स्वर में)* क्या बात है।...बड़ी अच्छी जगह ढूँढी है तुमने तो। जंगल में मंगल...।

(बिंबिसार के यह शब्द सुन सिद्धार्थ का ध्यान उनकी ओर जाता है। वह चौंककर अपनी गर्दन घुमाते हैं और विस्मय से बिंबिसार की ओर देखते हैं।)

सिद्धार्थ : राजन आप?

बिंबिसार : *(अपना विनोद जारी रखते हुए)* सच में ये राजकाज और घर-गृहस्थी बड़े झंझट हैं। तुमने मुझे बताया होता तो मैं भी सब कुछ छाड़कर यहीं आ जाता इस सुखद और सुरम्य वातावरण में। ज़िन्दगी का असली सुख तो यही है सन्यासी जीवन।

(इतना कहकर वह सिद्धार्थ के समक्ष एक अन्य चट्टान पर जाकर बैठ जाते हैं। चट्टान पर अपना हाथ फिराते हैं और सिद्धार्थ के चेहरे की ओर देखते हुए कहते हैं।)

बिंबिसार : अरे वाह, यह तो महल के गद्दों से भी अधिक कोमल और मुलायम है। तभी तुम यहाँ मज़े से रह रहे हो। अब आयी बात समझ में।

(कहते हुए वह सिद्धार्थ के चेहरे की ओर देखते हैं। सिद्धार्थ पर बिंबिसार के विनोद का कोई प्रभाव नहीं पड़ता। वह पूर्ववत शान्त बैठे रहते हैं और गम्भीर स्वर में कहते हैं।)

सिद्धार्थ : मैं एक सन्यासी हूँ राजन। सन्यासी सुख और आराम नहीं देखता। वह अपने मन और शरीर दोनों को तपाता है।

(सिद्धार्थ को गम्भीरता में डूबा देख बिंबिसार भी विनोद छोड़कर गम्भीर हो जाते हैं और गम्भीर स्वर में कहते हैं।)

बिंबिसार : मगध गणराज्य में आपका स्वागत है सिद्धार्थ।

सिद्धार्थ : आपके इस स्नेह के लिए आभार व्यक्त करता हूँ राजन।

बिंबिसार : कुशलतापूर्वक हो?

सिद्धार्थ : हाँ राजन, मैं सकुशल हूँ।

(बिंबिसार कुछ देर सिद्धार्थ की ओर देखते हैं फिर अपना मनोभाव उसके समक्ष व्यक्त करते हैं।)

बिंबिसार : तुम्हारे कुल के साथ कई पीढ़ियों से हमारी प्रगाढ़ मैत्री है। इस कारण मेरे मन में तुम्हारे प्रति विशेष अपनापन है। जब से ज्ञात हुआ है कि तुम हमारे राज्य में और हमारे ही नगर में भिक्षुक बनकर घूम रहे हो, मुझे कष्ट पहुँचा है। अपने इस मनोभाव के कारण ही मैं यहाँ तुमसे मिलने और कुछ बात करने आया हूँ।

सिद्धार्थ : कहिए राजन, क्या कहना चाहते हैं।

बिंबिसार : मैं यह नहीं समझ पा रहा हूँ कि तुम्हारे मन में सन्यासी बनने का यह विचार कहाँ से आया है? तुम युवा हो। सुन्दर और शक्तिशाली हो। तुम राजसी वस्त्र पहनने के योग्य हो। तुम्हारे शरीर पर ये काषाय वस्त्र शोभा नहीं देते। तुम अपने जिन हाथों में भिक्षा पात्र लेकर घूमते हो इन हाथों से तुम्हें प्रजा की सेवा और रक्षा करनी चाहिए।

(बिंबिसार एक क्षण के लिए रुकते हैं और सिद्धार्थ की ओर देखते हुए आगे कहते हैं।)

बिंबिसार : ज्ञात हुआ है कि तुम्हें राज्य-निष्कासन का दण्ड मिला है।

सिद्धार्थ : मैंने स्वेच्छा से वरण किया है।

बिंबिसार : मुझे इस बात से प्रसन्नता और सन्तोष है कि तुम मेरे राज्य में आये हो। तुम जब तक चाहो यहाँ हमारे मेहमान बनकर रह सकते हो। राजमहल में मुलायम गद्दों पर सोने वाले राजकुमार के लिए इस सख़्त पथरीली ज़मीन पर सोना शोभा नहीं देता। मेरे साथ चलो। इन काषाय वस्त्रों को त्यागकर राजसी वस्त्र धारण करो और राज्य के अतिथि गृह में सम्मान के साथ राजकुमार की तरह रहो। मैं तुम्हें लेने के लिए आया हूँ।

सिद्धार्थ : आपकी सदभावनाओं का सम्मान करता हूँ राजन। मैं यहाँ बहुत आराम से हूँ।

बिंबिसार : समझने की कोशिश करो सिद्धार्थ, यह जंगल है। यहाँ बिच्छू, सर्प से लेकर शेर, चीते आदि बहुत से ख़तरनाक जीव-जन्तु हैं। यहाँ अकेले रहना उचित नहीं है।

सिद्धार्थ : मेरी चिन्ता न करें राजन। इन जीव-जन्तुओं से मुझे कोई भय नहीं है।

बिंबिसार : *(कुछ देर सोचकर)* यदि तुमको किसी अन्य के शासन में रहना स्वीकार नहीं हो तो मैं तुम्हें अपना आधा राज्य देता हूँ। तुम अपने राज्य के शासक बनकर रह सकते हो।

सिद्धार्थ : मैं आपके राज्य की भूमि पर रह रहा हूँ। यही काफ़ी है।

बिंबिसार : यदि तुम अपने विजित राज्य में ही रहना चाहते हो तो हाथों में तीर और तलवार उठाओ और मेरी विशाल सेना को साथ लेकर किसी भी राज्य पर आक्रमण कर उसे विजित करो। तुम्हारे अन्दर इतनी शक्ति और कौशल है कि तुम किसी को भी युद्ध में पराजित कर सकते हो। कोई तुम्हारा सामना नहीं कर सकता।

सिद्धार्थ : मुझे राज्य का या राजसी वैभव का कोई मोह नहीं है राजन। राजा भी एक जोड़ा कपड़े पहनता है। दो रोटी खाता है। उसे

भी एक शैया की आवश्यकता होती है। इन आवश्यकताओं के अतिरिक्त जो कुछ भी होता है वह सब वासना के लिए होता है। मैं वासना का त्याग कर चुका हूँ। न्यूनतम आवश्यकताओं के साथ मैं भयमुक्त होकर जीता हूँ। मुझे न कुछ खोने का भय है और न कुछ छिन जाने की चिन्ता है। मुझे राज्य की कोई आवश्यकता नहीं है। अब मैं एक भिक्षु हूँ और भिक्षु के रूप में ही रहने का मेरा निश्चय है।

(सिद्धार्थ को अपने निश्चय पर दृढ़ देखकर बिंबिसार मौन हो जाते हैं और कुछ क्षण सिद्धार्थ की ओर देखने के पश्चात पुन: उसको समझाने का प्रयास करते हैं।)

बिंबिसार : सिद्धार्थ, मैं तुम्हारे प्रति स्नेह के कारण तुमसे यह सब कह रहा हूँ। इसमें मेरा कोई स्वार्थ या हित नहीं है। तुम अभी युवा हो। तुम्हारी युवा और सुन्दर पत्नी है। तुम्हारी यह सांसारिक सुख-भोग की आयु है। जब तक युवा हो इस सुख का उपभोग करो। धार्मिक पुण्य ही अर्जित करने की इच्छा है तो वृद्धावस्था में भिक्षु बनकर धार्मिक पुण्य अर्जित कर सकते हो। वह उचित रहेगा।

सिद्धार्थ : मैं सांसारिक राग और विषयों से विरक्त हो चुका हूँ। अब फिर से आसक्त नहीं होना चाहता। आसक्ति बंधन है। आसक्ति में बँधकर मुक्ति का मार्ग प्राप्त नहीं किया जा सकता। मैं मुक्ति के मार्ग का पथिक हूँ। मेरा इसी पथ पर अग्रसर रहने का निश्चय है।

बिंबिसार : यदि तुम धर्म के मार्ग पर ही चलना चाहते हो और यही तुम्हारा दृढ़ निश्चय है तो यह कार्य तुम राजसी रूप में भी कर सकते हो। बहुत से राजाओं ने शुद्ध मन से यज्ञ-हवन आदि करके स्वर्ग या परलोक सुख प्राप्त किया है।

सिद्धार्थ : यज्ञ-हवन आदि में मेरी कोई रुचि नहीं है राजन। और न ही स्वर्ग सुख पाने की कोई इच्छा है। संसार कलहों से ग्रस्त और दु:खी है। चारों ओर हिंसा और अशान्ति है। मैं संसार को अशान्ति, कलह और दु:ख़ों से मुक्त करना चाहता हूँ ताकि प्रत्येक व्यक्ति शान्ति और सुख से रह सके।

बिंबिसार : तुम्हारा उद्देश्य महान है सिद्धार्थ। तुम्हारा दृढ़-निश्चय आश्वस्त कर रहा है कि तुम अवश्य इस पृथ्वी को दु:ख़ों से मुक्त करोगे। तुम्हें अपने इस महान और पवित्र उद्देश्य में सफलता मिले, तुम्हारे लिए मेरी यही कामना है।

सिद्धार्थ : धन्यवाद राजन।

बिंबिसार : जब भी उचित समझें राजभवन की ओर अवश्य आयें। आपका स्वागत करके हमें प्रसन्नता होगी।

सिद्धार्थ : अवश्य राजन।

(बिंबिसार सिद्धार्थ को अभिवादन कर उठ खड़ा होता है और अपने अनुचरों के साथ नगर की ओर लौट जाता है। सिद्धार्थ क्षितिज की ओर देखते हुए विचारमग्न हो जाता है।)

दृश्य चार

(कपिलवस्तु का राजभवन। एक कक्ष में बड़ी सी कुर्सी पर शुद्धोधन बैठे हैं। उनके पास ही दूसरी कुर्सी पर उदायी हैं। दोनों मन्त्रणा कर रहे हैं।)

उदायी : महाराज, राज्य में सब कुछ ठीक नहीं चल रहा है।

शुद्धोधन : ऐसा क्या हो रहा है मन्त्री?

उदायी : सेनापति के इरादे कुछ ठीक नहीं लग रहे हैं।

शुद्धोधन : आपका क्या आशय है? स्पष्ट बताएँ।

उदायी : सेनापति ने राजकुमार सिद्धार्थ को राज्य से निष्कासित करवा दिया है। सेना पर उसका नियन्त्रण है। देवदत्त को भी उसने अपने साथ मिला लिया है। कोलियों के विरुद्ध युद्ध के बहाने वह आपको अपदस्थ कर राज्य की सत्ता हथियाना चाहता है।
(यह सुनकर शुद्धोधन के मस्तिष्क को झटका सा लगता है। वह असहज हो जाते हैं और विस्मय से उदायी की ओर देखते हुए पूछते हैं।)

शुद्धोधन : यह क्या कह रहे हैं आप? आपके इस कथन का आधार क्या है?

उदायी : महाराज। युद्ध के प्रस्ताव पर शाक्य संघ की बैठक में मुँह से अधिक वह अपने हाथों और आँखों से बोल रहा था। मैंने उसके शरीर की भाषा को पढ़ा था। जिस प्रकार वह युद्ध करने की आतुरता दिखा रहा है उससे मेरी आशंका को बल मिल रहा है। क्योंकि युद्ध होने पर उसकी शक्तियाँ बढ़ जायेंगी तथा अन्य बहुत सी चीज़ें भी उसके नियन्त्रण में आ जायेगी।

शुद्धोधन : हमारे बीच कितनी भी असहमतियाँ हों किन्तु शाक्य गणराज्य में कभी ऐसा नहीं हुआ है कि किसी ने अलोकतान्त्रिक तरीक़े से सत्ता हथियाने का प्रयास किया हो।

उदायी : लेकिन यह अत्यन्त खेद और चिन्ता की बात है महाराज कि सेनापति ऐसा करता दिखायी दे रहा है। वह युवाओं को युद्ध के नाम पर हिंसा की आग में झोंक रहा है। बेरोज़गार युवाओं को सेना में नौकरी के नाम पर वह उनके हाथों में हथियार थमाना चाहता है। अपने उद्बोधनों में विष भरे शब्दों से वह दूसरे समुदायों के प्रति घृणा का संचार कर रहा है।

शुद्धोधन : किसी राज्य के साथ यदा-कदा युद्ध या टकराव होना अलग बात है। लेकिन उसके प्रति अपने राज्य की जनता में घृणा का भाव पैदा करना अमानवीय है। यह सामुदायिक हिंसा है। राज्य और समुदाय दोनों एक नहीं होते। हमें दोनों को अलग करके देखना होगा।

उदायी : यही बात मैं आपसे कहना चाहता हूँ महाराज। राज्य उन्माद की आग पर खड़ा है।

शुद्धोधन : समझता हूँ मन्त्री, उन्माद केवल ध्वस्त करता है निर्माण नहीं करता। निर्माण संघर्ष और कठिनाइयों से होता है, उन्माद क्षण भर में तहस-नहस कर देता है। इस उन्माद को रोकना होगा। मैं राजा रहूँ या नहीं रहूँ मुझे इस बात की परवाह नहीं है लेकिन मुझे राज्य की चिन्ता है। मेरे लिए राज्य का हित सर्वोपरि है।

उदायी : सेनापति गणराज्य को तानाशाही में बदलना चाहता है। वह उन्माद के सहारे धीरे-धीरे सत्ता पर अपना वर्चस्व स्थापित करने का प्रयास कर रहा है। उन्मादी भीड़ को केवल उकसाने की

आवश्यकता होती है। वह कुछ भी कर सकती है। सेनापति ऐसा ही कर रहा है।

(शुद्धोधन गम्भीरतापूर्वक कुछ सोचने लगते हैं। उदायी अपना कथन जारी रखता है।)

उदायी : महाराज, यह आपके साहस और धैर्य की परीक्षा का समय है। आपने हमेशा राज्य की जनता को अपनी सन्तान की तरह माना है। और उसी तरह उसके हितों के लिए कार्य किया है। आज भी आप उसी तरह संभालें।

शुद्धोधन : मैं तो इस बात से ही बहुत टूटा हुआ और दुःखी हूँ कि मेरा एकमात्र पुत्र राज्य से निष्कासित है। पता नहीं वह कहाँ पर, किस अवस्था में होगा।

उदायी : मैं आपका दुःख समझता हूँ महाराज। राजकुमार सिद्धार्थ की चिन्ता मुझे भी है। लेकिन इस समय राज्य को बचाने की बड़ी ज़िम्मेदारी है। सिद्धार्थ आपकी सन्तान है। लेकिन राज्य के लाखों लोग भी आपके लिए सन्तान जैसे हैं। उनका जीवन दाव पर लगा है।

शुद्धोधन : मेरा तो मस्तिष्क सुन्न सा हो रहा है। कुछ सोच नहीं पा रहा हूँ। आप ही बताएँ क्या किया जाये।

उदायी : सेनापति आपसे युद्ध की घोषणा करने के लिए कहे तो आप तत्काल घोषणा न कर कुछ समय के लिए स्थगित कर दें।

शुद्धोधन : लेकिन युद्ध का निर्णय शाक्य संघ द्वारा लिया जा चुका है। ऐसे में हम क्या कर सकते हैं?

उदायी : शाक्य संघ ने युद्ध शुरू करने के प्रस्ताव को स्वीकृति दी है। सेनापति भी युद्ध का नेतृत्व करता है युद्ध शुरू करने की घोषणा नहीं। युद्ध शुरू करने की औपचारिक घोषणा राजा द्वारा ही की जाती है। आपकी घोषणा के बिना युद्ध शुरू नहीं किया जा सकता।

शुद्धोधन : हाँ, वह तो है। लेकिन उससे क्या होगा?

उदायी : इससे जनता में यह सन्देश जायेगा कि सेनापति ही सब कुछ नहीं है, उसकी शक्ति सीमित है। दूसरा यह कि राजा द्वारा युद्ध

की घोषणा नहीं की गयी है तो इसका कोई न कोई कारण होगा। इससे जनता को यथार्थ जानने का अवसर मिलेगा और सेनापति का विरोध करने की शक्ति भी मिलेगी।

शुद्धोधन : *(कुछ सोचते हुए)* हम्मममममम

उदायी : फ़िलहाल हमें इसी रणनीति पर कार्य करना होगा। मुझे अपने गुप्तचरों से सूचना मिली है कि राजकुमार सिद्धार्थ के निष्कासन को लेकर सेनापति के प्रति जनता में बहुत असन्तोष है। लोग सेना में भर्ती होने के लिए तैयार नहीं हैं। वे सिद्धार्थ की इस बात से सहमत हो रहे हैं कि जल बँटवारे की समस्या का हल युद्ध से नहीं अपितु परस्पर बातचीत से किया जाये। जनता युद्ध का प्रतिकार करने के लिए उद्दत हैं।

शुद्धोधन : राज्य के हित में जो कुछ भी किया जाना सम्भव हो आप करें। मैं अपने गणराज्य के लिए कोई भी त्याग करने के लिए तत्पर हूँ।

उदायी : अब आज्ञा दें महाराज। मैं चलता हूँ।

(उदायी उठकर खड़ा होता है। सिर झुकाकर शुद्धोधन को प्रणाम करता है और कक्ष से बाहर निकल जाता है।)

दृश्य-पाँच

(शाक्य गणराज्य का एक शहर। स्थान-स्थान पर लोगों के समूह हैं। सब परस्पर चर्चा कर रहे हैं। कुछ लोग आश्चर्य में डूबे हैं। कुछ लोगों के अन्दर असन्तोष दिखायी देता है। उनकी चर्चाओं का विषय सिद्धार्थ का निष्कासन है। एक स्थान पर कुछ लोगों के बीच चर्चा हो रही है।)

एक व्यक्ति : यह तो अच्छा नहीं हुआ। सिद्धार्थ की बात उचित नहीं लग रही थी तो नहीं मानते। लेकिन उसके लिए राज्य से निष्कासन कर देना तो ज़्यादती है।

दूसरा व्यक्ति : यह बहुत ग़लत हुआ है। राज्य से निष्कासन की बात तो तब उचित है जब कोई राज्य के विरुद्ध कार्य करे, कोई षड़यन्त्र

करे या अन्य किसी प्रकार से राज्य को हानि पहुँचाए। सिद्धार्थ ने तो ऐसा कुछ नहीं किया।

पहला व्यक्ति : सिद्धार्थ ने तो हमेशा राज्य के हित में कार्य किया है। यह तो सोचा भी नहीं जा सकता कि वह कभी राज्य के विरुद्ध कोई कार्य कर सकता है। पूरे शाक्य गणराज्य के अन्दर ऐसा कोई व्यक्ति नहीं होगा जिसको सिद्धार्थ से किसी भी तरह की कोई शिकायत रही हो।

दूसरा व्यक्ति : 'हर खेत को पानी, हर जीव को पानी' यही तो कहना था सिद्धार्थ का। क्या ग़लत है इसमें? यह तो प्राकृतिक न्याय की बात है।

पहला व्यक्ति : मेरी तो यह समझ में नहीं आ रहा है कि इतनी अच्छी बात को लोग क्यों नहीं समझ रहे हैं।

दूसरा व्यक्ति : सेनापति ने राज्य में उन्माद का वातावरण पैदा कर दिया है। उन्माद सोचने की शक्ति ख़त्म कर देता है।

पहला व्यक्ति : उन्माद तो विध्वंश का दूसरा नाम है। यह राज्य के लिए घातक है। लोग इसका प्रतिकार क्यों नहीं कर रहे हैं।

दूसरा व्यक्ति : शायद लोग डरते हैं कि यदि एक राजकुमार को छोटी सी बात के लिए इतना बड़ा दण्ड मिल सकता है तो किसी साधारण व्यक्ति की क्या हैसियत है।

पहला व्यक्ति : हाँ, यह तो है...

(दूसरा समूह युवा लोगों का है। उनके बीच भी इसी विषय पर चर्चा हो रही है। उनके चेहरों पर आक्रोश हैं।)

एक युवक : क्या किया सिद्धार्थ ने? यही न कि उसने युद्ध का विरोध किया और परस्पर वार्ता से विवाद को सुलझाने का सुझाव दिया। क्या ग़लत है इसमें?

दूसरा युवक : सिद्धार्थ ने कुछ भी ग़लत नहीं किया। युद्ध से विध्वंश और विनाश के अलावा और क्या हासिल होगा? अब तक न जाने कितनी बार पानी को लेकर कोलियों के साथ हमारा विवाद और ख़ून-खराबा हुआ है। यदि इस सब से ही समस्या का समाधान होता तो अब तक कभी का हो गया होता।

पहला युवक : न जाने कितने लोग अब तक युद्ध की हिंसा में मरे हैं। छोटी-छोटी बातों के लिए युद्ध होते रहे तो भविष्य में भी न जाने और कितने लोग मरेंगे। सिद्धार्थ ने इस सिलसिले को रोकने का सुझाव दिया है।

दूसरा युवक : सेनापति द्वारा सिद्धार्थ के इस सुझाव को कायरता प्रचारित किया जा रहा है। वे इस बात पर ज़ोर दे रहे हैं कि शान्ति और अहिंसा के विचार से राज्य में कायरता का संचार होगा और राज्य कमज़ोर हो जायेगा। कह रहे हैं कायर व्यक्तियों के लिए राज्य में कोई जगह नहीं है।

पहला युवक : उनका यह विचार मूर्खतापूर्ण है। राज्य हिंसा और युद्ध से कमज़ोर होता है शान्ति से नहीं। शान्ति और सौहार्द्र से तो राज्य सशक्त और समृद्ध होता है।

दूसरा युवक : सिद्धार्थ बहुत विनम्र और सज्जन है जो उसने संघ के निर्णय को चुपचाप स्वीकार किया और राज्य से बाहर चला गया।

पहला युवक : वह राजकुमार है। चाहता तो विद्रोह कर सकता था और सभा के निर्णय को बदलवा सकता था। लेकिन उसकी महानता है कि उसने ऐसा नहीं किया।

दूसरा युवक : सिद्धार्थ के साथ अन्याय हुआ है।

पहला युवक : युद्ध का निर्णय केवल सिद्धार्थ के साथ नहीं, राज्य की जनता के साथ भी अन्याय है। युद्ध में भले ही राजा या राज्य की विजय होती हो किन्तु जनता हमेशा पराजित होती है। जनता को जन और धन दोनों की क्षति होती है।

दूसरा युवक : हमें शाक्य सभा के इस निर्णय का विरोध करना चाहिए। हम युद्ध के नाम पर मरने के लिए पैदा नहीं हुए हैं। हम सेनापति के हाथों की कठपुतली नहीं बनेंगे।

पहला युवक : तुम सही कहते हो मित्र। हमें विरोध करना ही होगा। यदि आज शाक्य परिषद के इस निर्णय का विरोध नहीं किया गया तो न जाने कब तक युद्धों का सिलसिला चलता रहेगा और हम उन युद्धों में पिसते रहेंगे।

दूसरा युवक : सिद्धार्थ अहिंसा और प्रेम का प्रवक्ता है। उसका हृदय करुणा से भरा है। यदि आज हम उसके पक्ष में खड़े नहीं हुए तो अहिंसा और प्रेम की आवाज़ हमेशा के लिए दब जायेगी।

(अन्य सभी युवक उनके साथ सहमति में अपने सिर हिलाते हैं और मुट्ठी बाँधकर हाथों को हवा में लहराते हुए एक स्वर में नारा लगाते हैं।)

सभी युवक : इंक़लाब ज़िन्दाबाद। ज़िन्दाबाद, ज़िन्दाबाद।
मानवता का नाश करे, जो हिंसा की बात करे।
सिद्धार्थ का निष्कासन-निरस्त हो, निरस्त हो।

पहला युवक : हम लोग सब जगह इस बात को फैलायेंगे और लोगों को समझाएँगे कि वे युद्ध का विरोध करें।

(युवाओं का वह समूह एक ओर से मंच से चला जाता है। कुछ देर में मंच के दूसरी ओर से लोगों का एक समूह मंच पर आता है। इनमें सभी आयु के स्त्री और पुरुष है। युवा लोग अपने हाथ हवा में लहराते हुए ऊँचे स्वर में चिल्ला रहे हैं।)

एक युवक : हम युद्ध का विरोध करते हैं।

दूसरा युवक : हम सिद्धार्थ का समर्थन करते हैं।

तीसरा युवक : हमें भी राज्य से निष्कासित करो।

(कुछ लोग हाथों में नारों की तख़्तियाँ लिए हुए हैं। जिन पर कुछ नारे लिखे हुए हैं।)

नारे : हिंसा छोड़ो, मानव जोड़ो।
पानी चाहिए ख़ून नहीं, युद्ध हमें मंज़ूर नहीं।
रचनी होगी नयी कहानी।
हर खेत को पानी, हर जीव को पानी।

(कुछ लोगों के हाथों में श्वेत रंग के झंडे हैं। झंडे थामे हुए वे ज़ोर-ज़ोर से नारे लगा रहे हैं।)

तानाशाही मुर्दाबाद। मुर्दाबाद, मुर्दाबाद।
इंक़लाब ज़िन्दाबाद। ज़िन्दाबाद ज़िन्दाबाद।
हर ज़ोर ज़ुल्म की टक्कर में, संघर्ष हमारा नारा है।

सिद्धार्थ का निष्कासन-वापस हो वापस हो।

(नारे लगाते हुए लोग जैसे-जैसे आगे बढ़ रहे हैं, बहुत बड़ी संख्या में लोग उनके साथ जुड़ते जा रहे हैं। हुजूम बढ़ता जा रहा है। एक युवक जुलूस को सम्बोधित कर रहा है।)

युवक : राजकुमार सिद्धार्थ का राज्य से निष्कासन एक तानाशाही निर्णय है। यह मानवता की आवाज़ को दबाने का उपक्रम है। हम इस तानाशाही निर्णय को नहीं मानते। सिद्धार्थ की आवाज़ में अपनी आवाज़ मिलाते हुए हम भी युद्ध का विरोध करते हैं। सिद्धार्थ एक नहीं है लाखों सिद्धार्थ हैं। राज्य का प्रत्येक युवक सिद्धार्थ है। मैं शासन को चुनौती देता हूँ कि सिद्धार्थ की तरह वह हम सब को भी राज्य से निष्कासित करे।

(लोग समर्थन में उत्साह से तालियाँ बजाते हैं।)

(उम्र अथवा अस्वस्थता के कारण जुलूस में शामिल होने में असमर्थ लोग घरों की खिड़कियों अथवा दरवाज़ों से बाहर आकर उत्साह और जिज्ञासा से हुजूम को देख रहे हैं और परस्पर चर्चा कर रहे हैं।)

एक व्यक्ति : शाक्य गणराज्य में यह प्रथम बार देख रहे हैं कि लोग शासन के विरुद्ध आन्दोलन कर रहे हैं। और वह भी इतने बड़े स्तर पर।

दूसरा व्यक्ति : लोग सही कर रहे हैं। शाक्य सभा ने ग़लत जो किया है।

पहला व्यक्ति : शाक्य सभा का तो केवल नाम है असली षड़यन्त्र तो शातिर सेनापति का है।

दूसरा व्यक्ति : सत्ता के मद में इतने सज्जन, शान्तिप्रिय और दयालु राजकुमार को राज्य से निष्कासित करके सेनापति ने इस विद्रोह को स्वयं जन्म दिया है।

पहला व्यक्ति : सिद्धार्थ पूरे राज्य की जनता का हितैषी और प्यारा है। जनता सिद्धार्थ के लिए किसी से भी टकरा सकती है।

दूसरा व्यक्ति : लोग घरों से बाहर निकलकर सड़कों पर आ गये हैं। प्रशासन के हाथ-पैर फूले हुए हैं। जितना आन्दोलन को दबाने का प्रयास किया जा रहा है आन्दोलन उतना ही प्रचंड होता जा रहा है।

प्रशासन जनता के समक्ष बेबस और लाचार सा दिखायी दे रहा है।

पहला व्यक्ति : सुना है सैनिक भी जनता का साथ दे रहे हैं।

पहला व्यक्ति : जनता के समक्ष किसी की नहीं चलती। चाहे वह राजा ही क्यों न हो।

दूसरा व्यक्ति : सही बात है भैया। शासक तभी तक मनमानी कर सकता है जब तक जनता सोयी हुई हो। जनता जाग जाये तो कोई उस पर मनमानी नहीं चला सकता। जागी हुई जनता सहती नहीं है, प्रतिकार करती है।

पहला व्यक्ति : यह हुजूम तो यही बता रहा है कि आज राज्य की जनता जाग गयी है।

दूसरा व्यक्ति : देखना, शासन को जनता के समक्ष झुकना पड़ेगा। कितने लोगों को हिरासत में लेंगे, कितने लोगों को क़ैद में डालेंगे। सारी जनता ही शासन के विरुद्ध है।

('इंक़लाब ज़िन्दाबाद' के नारे लगाता हुआ लोगों का जत्था बिल्कुल पास आ जाता है। वे लोग भी लोगों की आवाज़ में अपनी आवाज़ मिलाते हैं।)

इंक़लाब ज़िन्दाबाद।
पानी चाहिए ख़ून नहीं,
हिंसा हमें मंज़ूर नहीं।

दृश्य-छः

(कपिलवस्तु का संथागार। शाक्य संघ की बैठक। एक ऊँचे आसन पर सभापति विराजमान हैं। उनके आसपास मन्त्रीगण और अधिकारी अपने-अपने स्थानों पर बैठे हैं। संथागार में शाक्य संघ के सभी सदस्य बैठे हैं। सभापति सदस्यों को सम्बोधित करता है।)

सभापति : सम्मानित सदस्य-गण, जैसाकि आप सब अवगत हैं राज्य में चारों ओर असन्तोष है। प्रत्येक गाँव और नगर में लोग आन्दोलन कर रहे हैं। उनमें स्त्री-पुरुष, युवा और वृद्ध सब शामिल हैं। राज्य में फैला असन्तोष और आन्दोलन शाक्य संघ के एक निर्णय के विरोध में है। उसका समाधान शाक्य संघ द्वारा ही किया जा सकता है। आज की यह आपात बैठक उसी विषय पर विचार करने के लिए बुलायी गयी है। राज्य मन्त्री उदायी कृपया आप विषय पर प्रकाश डालें।

उदायी : सभापति महोदय। यह एक अत्यन्त गम्भीर विषय है। राज्य के समक्ष ऐसी स्थिति पूर्व में कभी नहीं आयी है। आन्दोलन निरन्तर तेज़ होता जा रहा है। राज्य की सारी जनता सड़कों पर उतर आयी है। सब लोग युद्ध का विरोध कर रहे हैं। वस्तुस्थिति यह है कि यदि आज कोलिय हम पर आक्रमण कर दें तो हम उनका सामना नहीं कर पाएँगे।

(सभापति चिन्तन की मुद्रा में कुछ देर इधर-उधर ओर देखता है। फिर सेनापति की ओर देखते हुए कहता है।)

सभापति : सेनापति, युद्ध का निर्णय आपके प्रस्ताव पर लिया गया था। सबसे पहले आप ही अपना विचार व्यक्त करें।

(सेनापति पहले एक दृष्टि सभा पर डालता है। फिर सभापति की ओर देखता हुआ कहता है।)

सेनापति : जनता में इस व्यापक असन्तोष के पीछे सिद्धार्थ का हाथ प्रतीत होता है। मुझे आशंका है सिद्धार्थ ने ही जनता को राज्य के विरुद्ध भड़काया है।

(सेनापति के यह शब्द सुन सभा में कोलाहल होने लगता है। लोग 'ना' में अपने सिर हिलाते हुए सेनापति की बात का प्रतिकार करते हैं। सभापति को भी सेनापति की यह आशंका निराधार लगती है। वह सेनापति से अपनी असहमति व्यक्त करते हुए कहते हैं।)

सभापति : नहीं सेनापति। आपकी आशंका निराधार है। सिद्धार्थ शाक्य गणराज्य का एक निष्ठावान नागरिक है। उसने राज्य के हित में स्वयं राज्य से निष्कासन का दण्ड स्वीकार किया है। मैं पूर्ण विश्वास के साथ कह सकता हूँ सिद्धार्थ राज्य के विरुद्ध कोई कार्य कदापि नहीं कर सकता।

सेनापति : आप अपनी जगह सही हो सकते हैं सभापति महोदय। लेकिन सभा के लिए भी आवश्यक है कि वह सभी पक्षों पर विचार करें।

(सभापति अपनी बायीं ओर बैठे उदायी की ओर देखता है और उसको सम्बोधित कर कहता है।)

सभापति : राज्यमन्त्री, क्या आपके पास सिद्धार्थ के विषय में कोई सूचना है?

उदायी : हमें हमारे दूतों से सूचना मिली है कि सिद्धार्थ शाक्य गणराज्य की सीमा से बहुत दूर चला गया है। वह बिल्कुल अकेला है और राज्य की जनता के साथ उसका कोई सम्पर्क नहीं है।

सेनापति : किसी अन्य राज्य का हस्तक्षेप हो सकता है। सम्भव है हमारे पड़ौसी राज्य द्वारा हमारे राज्य को अस्थिर करने के लिए हमारे राज्य की जनता को भड़काया गया हो?

(एक सदस्य अपने स्थान से उठकर खड़ा होता है और सेनापति का प्रतिकार करते हुए कहता है।)

सदस्य : मुझे सेनापति के वक्तव्य पर आपत्ति है। उनकी टिप्पणी जनता की निष्ठा पर सन्देह है। मैं जनता के बीच का आदमी हूँ। बहुत अच्छी तरह जानता हूँ कि यह आन्दोलन किसी के उकसावे का परिणाम नहीं है अपितु राज्य की जनता का अपना विवेक है।

सभापति : यह स्थिति हमारे गणराज्य के हित में नहीं है। इस समस्या का

शीघ्र से शीघ्र समाधान आवश्यक है। सदस्य-गण कृपया इस समस्या का समाधान सुझाएँ।

(सभा में चारों ओर से अनेक लोग बोलने के लिए उठ खड़े होते हैं। सभापति सब को हाथ के संकेत से बैठने को कहता है।)

सभापति : कृपया शान्त रहें और व्यवस्था बनाए रखें।

(सब लोग बैठ जाते हैं। वही सदस्य पुन: खड़ा होता है और अपनी बात कहता है।)

सदस्य : महोदय, राज्य की जनता युद्ध नहीं चाहती तो सीधी सी बात है कि कोलियों के विरुद्ध युद्ध का जो निर्णय लिया गया है, सभा द्वारा उस निर्णय को वापस लिया जाये। यही एकमात्र समाधान है।

(उस सदस्य के यह कहते ही अधिकांश सदस्य अपने हाथ उठाकर उसके साथ सहमति व्यक्त करते हैं। कुछ उत्साही सदस्य एक स्वर में नारे लगाने लगते हैं।)

नारे :

युद्ध का निर्णय-वापस हो, वापस हो।
युद्ध की हिंसा ख़ून ख़राब।
नहीं सहेगी धरती आबा।

(सभापति सबसे अपने स्थान पर बैठने और शान्ति बनाए रखने की अपील करता है।)

सभापति : कृपया सब अपने-अपने स्थान पर बैठ जायें और शान्ति बनाए रखें ताकि बैठक की कार्यवाही सुचारु रूप से चल सके।

(सभी सदस्य अपने-अपने स्थान पर बैठ जाते हैं। उनके बैठ जाने के पश्चात उदायी सभापति को सम्बोधित कर कहता है।)

उदायी : महोदय, इस सभा के सभी सदस्य राज्य की जनता के प्रतिनिधि हैं। सदस्यों की प्रतिक्रिया बता रही है कि जनता क्या चाहती है। इसलिए मैं सभा के समक्ष यह प्रस्ताव रखता हूँ कि कोलियों के विरुद्ध युद्ध के निर्णय को तत्काल वापस लिया जाये तथा राजकुमार सिद्धार्थ को दण्डमुक्त कर ससम्मान राज्य में वापस लाया जाये।

(समस्त सदस्य एक स्वर में इस प्रस्ताव का समर्थन करते हैं।)

सभी सदस्य : ऐसा ही हो। ऐसा ही हो।

(संथागार के एक कोने में अपने समूह के साथ देवदत्त चुपचाप बैठा है। उसका एक युवा साथी उसे उत्साहित करते हुए धीरे से उसके कान में कहता है।)

युवक : चुप क्यों हो? विरोध क्यों नहीं कर रहे? उठो और इस प्रस्ताव का विरोध करो।

(देवदत्त उसके कानों के पास अपना मुँह ले जाकर धीरे से कहता है।)

देवदत्त : यह हमारे बोलने के लिए उपयुक्त समय नहीं है। इस समय जनता हमारे विरुद्ध है। इस प्रस्ताव के विरुद्ध बोलकर हम जनता के निशाने पर आ जायेंगे। इसलिए चुप बैठे रहो और जो कुछ हो रहा है वह होने दो। यही हमारे हित में है।

सभापति : गणराज्य में जनता सर्वोपरि है। यह संघ जनता से बड़ा नहीं है। संघ वही निर्णय लेता है जो राज्य के हित में होता है। अत: राज्य के हित में शाक्य संघ की आज की यह सभा कोलियों के विरुद्ध युद्ध के अपने निर्णय को वापस लेती है। तथा संघ के निर्णय का विरोध करने पर सिद्धार्थ को दिए गये दण्ड को निरस्त करती है। साथ ही, सभा यह भी निर्णय लेती है कि नदी-जल के विवाद को कोलीय गणराज्य के साथ बातचीत से सुलझाया जाये।

(लोग ज़ोर से नारा लगाते हैं।)

शाक्य गणराज्य की जय।

राजकुमार सिद्धार्थ की जय।

(सभापति सभा को सम्बोधित करते हुए कहता है।)

सभापति : निर्णय हो चुका है और हम सब इस निर्णय का पालन करेंगे। लेकिन एक बात मेरी समझ में नहीं आ रही है क़ि पहले भी आप ही लोग थे जब इस सभा द्वारा युद्ध का निर्णय लिया गया था। आज भी आप ही लोग हैं। फिर आज ऐसा क्या हुआ कि कुछ दिन के अन्दर ही आप अपने ही निर्णय के विरुद्ध हो गये।

सदस्य : *(अपने स्थान से खड़ा होकर)* महोदय, उस समय तक हम पानी का महत्व नहीं जानते थे और न शान्ति और अहिंसा का अर्थ

ही समझते थे। सिद्धार्थ की प्रतिबद्धता और त्याग ने हमें शान्ति और अहिंसा के साथ-साथ पानी का महत्व भी समझा दिया है। हम इस सब के लिए सिद्धार्थ के ऋणी हैं।

सभापति : सच में सिद्धार्थ की सोच महान है। हम लोग उसे समझ नहीं पाए थे। सिद्धार्थ को दण्डित कर हमने बहुत बड़ी ग़लती की। हम अपनी ग़लती के लिए शर्मिंदा हैं।

(सभा समाप्त होती है। सब लोग उठकर सभा स्थल से बाहर जाने लगते हैं। अधिकांश लोगों के चेहरे हर्ष और उत्साह से खिले हुए हैं। सेनापति और देवदत्त बुझे चेहरे लिए और निराशा में सिर लटकाए धीरे-धीरे मंच से जाते दिखायी देते हैं।)

दृश्य-सात

(कपिलवस्तु का राजमहल। शुद्धोधन तेज़ क़दमों से राजमहल में प्रवेश करते हैं और सीधे बैठक में जाकर उत्सुकता से इधर-उधर देखते हैं। किसी को न पाकर सेवक से पूछते हैं।)

शुद्धोधन : महारानी गौतमी और पुत्रवधू यशोधरा कहाँ हैं? उनको जल्दी से बुलाइए।

सेवक : अभी बुलाकर लाता हूँ महाराज।

(सेवक वहाँ से चला जाता है। बैठक में कुर्सियाँ बिछी हैं लेकिन ख़ुशी के आवेग में शुद्धोधन कुर्सी पर न बैठकर कक्ष में चहल-क़दमी कर रहे हैं। वह बेसब्री से गौतमी और यशोदा के आने की प्रतीक्षा कर रहे हैं। थोड़ी देर में गौतमी और यशोधरा तेज कदमों से, लगभग दौड़ती हुई दूसरे दरवाज़े से प्रवेश करती हैं। शुद्धोधन के चेहरे पर ख़ुशी की रेखाएँ चमक रही हैं। यह देखकर वे शुद्धोधन की ओर उत्सुकता से देखती हैं और समाचार जानने को अधीर हो जाती हैं।)

गौतमी : आज आपके चेहरे पर प्रसन्नता दिखायी दे रही है महाराज। लगता है कोई ख़ुशी का समाचार है।

शुद्धोधन : हाँ, गौतमी। वास्तव में बहुत ख़ुशी का समाचार है।

गौतमी : तो जल्दी से बताइए न क्या समाचार है। मन समाचार सुनने को बहुत उत्सुक है।

शुद्धोधन : हमारे परिवार की ख़ुशियाँ वापस लौट आयी हैं।

गौतमी : *(उत्सुकता से)* पहेलियाँ मत बुझाइए महाराज। जल्दी से सीधे-सीधे बताइए। मन जानने को बेचैन हो रहा है।

(शुद्धोधन एक क्षण गौतमी और यशोधरा की ओर देखते है और फिर कहते हैं।)

शुद्धोधन : शाक्य संघ ने सिद्धार्थ को दण्डमुक्त कर दिया है। अब वह निष्कासित नहीं रहेगा और हम सब के बीच वापस आ जायेगा।

(समाचार सुनते ही गौतमी और यशोधरा ख़ुशी से रोने लगती हैं। उनको रोते देख शुद्धोधन की आँखों में भी आँसू उमड़ आते हैं। बैठक में सुखद शान्ति छा जाती है। थोड़ी देर में सब सामान्य स्थिति में आ जाते हैं। गौतमी अपने आँसू पोंछते हुए शुद्धोधन से कहती है।)

गौतमी : कब आ रहा है हमारा सिद्धार्थ हमारे पास?...महाराज आप आज ही, बल्कि अभी जाओ और मेरे बेटे को लेकर आओ।

(यशोधरा भी गौतमी के स्वर में अपना स्वर मिलाते हुए कहती है।)

यशोधरा : हाँ पिताजी, जल्दी से जल्दी आप उनको लाकर हमसे मिला दीजिए। हम सबकी आँखें उनको देखने के लिए तड़प रही हैं।

(गौतमी एक क्षण को कुछ सोचती है और फिर शुद्धोधन से कहती है।)

गौतमी : महाराज, जब तक आप सिद्धार्थ को वापस लेकर आयेंगे तब तक हमारे लिए प्रतीक्षा करना बहुत कठिन होगा। ऐसा क्यों नहीं करें कि हम सब साथ चलें और अपने सिद्धार्थ को अपने साथ ही लाकर आयें।

शुद्धोधन : आपका सुझाव तो सही है महारानी। लेकिन सिद्धार्थ राजगृह के जंगलों में है। रास्ते में ख़तरनाक जानवर मिल सकते हैं। सुरक्षा

की दृष्टि से आप लोगों का वहाँ जाना ठीक नहीं है। उचित यही होगा कि कुछ सैनिकों के साथ मैं वहाँ जाऊँ और सिद्धार्थ को लेकर आ जाऊँ। इतने दिन उसके बिना रहे हो, दो-चार दिन और सह लो।

गौतमी : अभी तक सहना विवशता थी, क्योंकि निराशा की धुँध छायी हुई थी। अब निराशा के बादल छँट गये हैं और आशा की धूप खिल गयी है तो एक पल के लिए भी सहना मुश्किल हो रहा है। अपनी आँखों के तारे को देखने की अधीरता बढ़ गयी है। आप कैसे ही भी करो लेकिन मेरे बेटे को जल्दी से मेरी आँखों के समक्ष उपस्थित करो।

शुद्धोधन : ठीक है महारानी। थोड़ा धैर्य रखो। मैं कल प्रात: ही सिद्धार्थ को लाने के लिए राजगृह के लिए प्रस्थान करूँगा।

(शुद्धोधन सेवक को बुलाते हैं और राजगृह जाने की तैयारियाँ करने का आदेश देते हैं।)

शुद्धोधन : सेवक। सारथी से जाकर कहो रथ तैयार करे। कल प्रात: ही हमें राजगृह के लिए प्रस्थान करना है।

सेवक : जो आज्ञा महाराज।

(सेवक कक्ष से बाहर जाता है। शुद्धोधन गौतमी को सम्बोधित कर कहता है।)

शुद्धोधन : आज मन बहुत प्रसन्न है गौतमी। खाना तैयार करवाओ। आज बहुत दिन बाद भूख लगी है।

गौतमी : महाराज। आपको ही नहीं, आज हमें भी भूख लगी है। सिद्धार्थ के जाने के साथ हम सब की भूख भी चली गयी थी। सिद्धार्थ के आने की ख़ुशी ने हम सबकी भूख लौटा दी है। आप हाथ-मुँह धोकर आइए, हम खाना लगवाते हैं। ...चलो यशोधरा, रसोई में चलकर खाने की व्यवस्था करते हैं।

यशोधरा : जी, माता जी।

(गौतमी और यशोधरा कक्ष से बाहर निकलती हैं। शुद्धोधन भी अपने कक्ष की ओर चल देते हैं।)

(पर्दा गिरता है।)

अंक-चार

(पर्दा उठता है)

दृश्य-एक

(जंगल में एक रास्ता। रास्ते पर पाँच सन्यासी जा रहे हैं। उनके नाम कोण्डिन्य, अश्वजित, काश्यप, महानाम और भद्रिक हैं। दूसरी दिशा से एक परिव्राजक तेज़ क़दमों से आता दिखायी देता है। उसका शरीर लम्बा, छहरहरा और सुगठित है और चेहरे पर तेज़ है। उसके क़दमों की गति और चेहरे की आभा को देखकर वे पाँचों सन्यासी विस्मित होते हैं और विस्मय से उसकी ओर देखते हैं। निकट आने पर वे उस परिव्राजक को पहचान लेते हैं। कोण्डिन्य परिव्राजक की ओर संकेत कर अपने साथियों से कहता है।)

कोण्डिन्य : अरे, यह तो सिद्धार्थ है, सिद्धार्थ गौतम।

अश्वजित : *(सिद्धार्थ की ओर देखते हुए)* हाँ, सिद्धार्थ ही है। आओ, उससे बात करते हैं।

कोण्डिन्य : हाँ, चलो। उसको सुखद समाचार भी देते हैं।

(वे सब सिद्धार्थ की ओर चल देते हैं। कुछ क़दम चलकर सिद्धार्थ एक नदी के पास जाकर रुकता है। नदी के किनारे पर जाकर हाथों की अंजुली से पानी पीता है और फिर से अपने रास्ते पर चलने के लिए क़दम बढ़ाता है। तभी पाँचों सन्यासी सिद्धार्थ के पास आते हैं। कोण्डिन्य आवाज़ देता है।)

कोण्डिन्य : सिद्धार्थ।

(सिद्धार्थ चौंककर अपने क़दम रोक लेता है और पीछे मुड़कर देखता है। तब तक पाँचों सन्यासी उसके निकट आ जाते हैं।)

सिद्धार्थ : कौन हैं आप लोग?

कोण्डिन्य : *(हास्य के स्वर में)* देख तो रहे हो हम भी सन्यासी हैं।

सिद्धार्थ : हाँ, वह तो देख रहा हूँ। लेकिन आप लोग मुझे कैसे जानते हो?

कोण्डिन्य : *(हास्य जारी रखते हुए)* एक सन्यासी दूसरे सन्यासी को नहीं जानेगा तो और कौन जानेगा?

(सिद्धार्थ प्रश्नसूचक दृष्टि से उसकी ओर देखता है।)

अश्वजित : तुम कपिलवस्तु के राजकुमार हो। अनेक बार तुम्हें कपिलवस्तु में देखा है।

कोण्डिन्य : तुम कहाँ जा रहे हो?

सिद्धार्थ : मैं अपने गंतव्य की ओर जा रहा हूँ।

कोण्डिन्य : कहाँ है तुम्हारा गंतव्य?

सिद्धार्थ : यह मैं नहीं जानता।

कोण्डिन्य : विचित्र बात है। *(यह कहते हुए वह विस्मय से अपने अन्य साथियों की ओर देखता है और अपने हाथों को हवा में नचाते हुए व्यंग्यात्मक स्वर में कहता है)* गंतव्य की ओर जा रहे हैं और गंतव्य का पता नहीं है। अच्छा मज़ाक़ है।

सिद्धार्थ : यह मज़ाक़ नहीं, सत्य है।

अश्वजित : तुमको अपने राज्य से निष्कासन मिला है। लेकिन अब तो तुम दूसरे राज्य में हो। यहाँ किसी भी नगर में सूखपूर्वक रह सकते हो। हमने तो सन्यास ग्रहण किया है इसलिए जंगल में रहते हैं। तुमको जंगल में भटकने की क्या आवश्यकता है।

कोण्डिन्य : वैसे भी निष्कासन का अर्थ सन्यास तो नहीं है। फिर तुमने राजसी वस्त्र त्यागकर सन्यासी वस्त्र क्यों धारण किए हुए हैं?

सिद्धार्थ : यह मेरा अपना निर्णय है।

(सिद्धार्थ के शब्दों से उन सब को आश्चर्य होता है। आश्चर्य से वे पहले सिद्धार्थ को और फिर एक-दूसरे की ओर देखते हैं।)

कोण्डिन्य : ठीक है तुम्हारा निजी निर्णय है तो। कुछ सोचकर ही तुमने यह निर्णय लिया होगा।

अश्वजित : लेकिन तुमको अब कहीं जाने की क्या आवश्यकता है?

सिद्धार्थ : *(प्रश्नसूचक दृष्टि से उनकी ओर देखते हुए)* क्यों?

अश्वजित : शाक्य संघ ने तुमको दण्ड से मुक्त कर दिया है।

(सिद्धार्थ को सहसा उसके शब्दों पर विश्वास नहीं होता। वह आश्चर्यचकित होकर अश्वजित की ओर देखता है।)

अश्वजित : *(सिद्धार्थ की ओर देखते हुए)* यह सत्य है।

सिद्धार्थ : लेकिन तुमको कैसे मालूम?

अश्वजित : हम सीधे कपिलवस्तु से आ रहे हैं। वहीं से हमें यह समाचार मिला है।

(कपिलवस्तु का नाम सुन सिद्धार्थ वहाँ के बारे में जानने को उत्सुक होता है। वह तत्काल पूछता है।)

सिद्धार्थ : कपिलवस्तु में सब कैसे है?

अश्वजित : वहाँ सब कुशल है। सर्वत्र शान्ति है।...तुम्हारे परिवार में भी सब कुशल हैं। तुम्हारे आने पर सब बहुत दु:खी हुए थे। न कोई ठीक से खाता था और न सोता था। बस, हर समय तुम्हारे बारे में ही सोचते रहते थे। तुम्हारी ही चिन्ता में दु:खी रहते थे।

सिद्धार्थ : हुम्म्म्म्म्म्म्म्म्म्म। यह स्वाभाविक है। मैं समझ सकता हूँ।

अश्वजित : लेकिन अब वे सब बहुत ख़ुश हैं।

(यह सुनकर सिद्धार्थ को सुखद अनुभूति होती है। अश्वजित आगे बताता है।)

अश्वजित : कपिलवस्तु से तुम्हारे चले आने के पश्चात वहाँ बहुत कुछ परिवर्तित हो गया है।

सिद्धार्थ : ऐसा क्या परिवर्तन हो गया है कपिलवस्तु में?

अश्वजित : सम्पूर्ण शाक्य गणराज्य में हर्ष की वर्षा हुई है।

सिद्धार्थ : हर्ष की वर्षा? यह क्या कह रहे हो तुम?

अश्वजित : हम सही कह रहे हैं सिद्धार्थ। युद्ध के विरुद्ध तुम्हारी दृढ़ता ने राज्य की समस्त जनता को आन्दोलित कर दिया। जनता ने युद्ध नहीं करने का बिगुल बजा दिया। जनता के दबाव में शाक्य संघ को कोलियों के विरुद्ध युद्ध के अपने निर्णय को बदलना पड़ा। अब परस्पर विचार-विमर्श के द्वारा पानी का बँटवारा करने का निर्णय लिया गया है।

सिद्धार्थ : मुझे यह जानकर अत्यन्त प्रसन्नता हुई है। दोनों राज्य अब युद्ध की विभीषिका से बच जायेंगे और शान्तिपूर्ण ढंग से नदी के पानी को बाँटकर उपयोग करेंगे। जनता को मेरी बात उचित लगी इसके लिए मैं राज्य की जनता को नमन करता हूँ।

अश्वजित : सिद्धार्थ यह तुम्हारी वैचारिक दृढ़ता की विजय है।

सिद्धार्थ : यह मेरी नहीं, शाक्य गणराज्य और उसकी जनता के विवेक की विजय है।

अश्वजित : शाक्य संघ ने तुम्हारे निष्कासन को भी निरस्त कर दिया है। अब तुम्हें कहीं भटकने की आवश्यकता नहीं है। तुम कपिलवस्तु वापस लौट सकते हो। वहाँ सब तुम्हारी प्रतीक्षा कर रहे हैं।

सिद्धार्थ : मेरा वापस लौटने का कोई इरादा नहीं है। मैंने दण्डित होकर नहीं परिव्राजक होकर कपिलवस्तु छोड़ा है। अब मैं परिव्राजक ही रहूँगा।

अश्वजित : *(आश्चर्य से सिद्धार्थ की ओर देखते हुए)* अर्थात?

सिद्धार्थ : कोई एक नगर या राज्य नहीं, समस्त विश्व मेरा घर है और विश्व के सब लोग मेरा परिवार है। मैंने इस हिंसक और अमानवीय विश्व को अहिंसक और मानवीय बनाने का निश्चय किया है। यही मेरा गंतव्य है।...तुम लोगों से मिलकर बहुत अच्छा लगा। अब मैं चलता हूँ।

(इतना कहकर सिद्धार्थ चलने लगता है। काश्यप आगे बढ़कर सिद्धार्थ से पूछता है।)

काश्यप : अब तुम कहाँ जाओगे?

सिद्धार्थ : सन्यासी का क्या ठिकाना। जहाँ कहीं भी विश्राम के लिए वृक्ष की शीतल छाया और पीने के लिए स्वच्छ जल उपलब्ध हो वही ठिकाना बन जाता है।

कोण्डिन्य : *(विनोद के स्वर में)* और उदर-पूर्ति के लिए? पेट की क्षुधा का क्या करोगे?

अश्वजित : *(कोण्डिन्य को झिड़कते हुए)* तुमको हर समय मज़ाक़ सूझता रहता है। सिद्धार्थ जैसे गम्भीर साधक के साथ मज़ाक़ शोभनीय नहीं है।

(अश्वजित सिद्धार्थ की ओर देखता है और उसे सम्बोधित करता हुआ कहता है।)

अश्वजित : तुम्हारे विचार बहुत उच्च और महान हैं। यह तो अपने आप में एक बड़ी साधना है। तुम अद्‌भुत साधक हो। हम बहुत सारे सन्यासी-साधकों से मिले हैं। लेकिन तुम्हारे जैसा साधक नहीं देखा। हमें भी अपने साथ ले लो। हम सब तुम्हारी सेवा करेंगे।

सिद्धार्थ : यदि तुमको मेरा रास्ता सही लगता है तो मेरे साथ चल सकते हो। लेकिन मेरी सेवा के लिए नहीं मानवता की सेवा के लिए चलो। मानवता को हिंसा और कलह से बचाओ। वही मेरी सेवा भी होगी।

अश्वजित : बहुत अच्छा। तुम्हारे शब्द अमृत वचन की तरह हैं।
(सिद्धार्थ तेज़ क़दमों से एक दिशा की ओर चलना शुरू करता है। पाँचों सन्यासी उसका अनुगमन करते हैं।

दृश्य दो

(मंच पर घोड़ों की टाप की आवाज़ सुनायी देती है। एक रथ आता दिखायी देता है। रथ पर शुद्धोधन बैठे हैं। पीछे की सीट पर छंदक बैठा है। रथ के आगे और पीछे घोड़ों पर सवार कुछ सैनिक चल रहे हैं। एक स्थान पर घुड़सवार रुक जाते हैं। रथ भी रुक जाता है। एक सैनिक अपने घोड़े से नीचे उतरता है और शुद्धोधन के पास आकर कहता है।)

सैनिक : महाराज, यही वह जंगल है जहाँ पर राजकुमार सिद्धार्थ का ठिकाना बताया गया है।

शुद्धोधन : तो रुक क्यों गये? आगे बढ़ो ताकि हम जल्दी से जल्दी सिद्धार्थ के पास तक पहुँच सकें।

सैनिक : रथ का मार्ग यहीं तक है महाराज। यहाँ से आगे पैदल जाना होगा।

शुद्धोधन : ऐसा है तो पैदल चलेंगे।

(यह कहने के साथ शुद्धोधन रथ से नीचे उतरते हैं। एक सैनिक आगे बढ़ता है और रथ से नीचे उतरने में उनकी सहायता करता है। सैनिक अपनी जेब से एक नक़्शा निकालकर उसे शुद्धोधन को दिखाता है। एक बिन्दु पर अपनी अंगुली रखते हुए कहता है।)

सैनिक : हमें इस दिशा में चलना होगा महाराज।

शुद्धोधन : ठीक है, चलिए।

(कहने के साथ शुद्धोधन उस दिशा में चल देते हैं। कुछ सैनिक अपनी तलवारों से झाड़ियों को काटकर रास्ता बनाते हुए उनके आगे चलते हैं और कुछ सैनिक उनके पीछे चलते हैं। एक स्थान पर एक वृक्ष के नीचे सिद्धार्थ पद्मासन लगाकर बैठे दिखायी देते हैं। एक सैनिक सिद्धार्थ की ओर संकेत करते हुए कहता है।)

सैनिक : महाराज, वह देखो, सामने विशाल वृक्ष के नीचे ध्यान-मुद्रा में राजकुमार सिद्धार्थ बैठे हैं।

(शुद्धोधन दृष्टि उठाकर उस ओर देखते हैं और सिद्धार्थ को पहचानकर उसकी ओर बढ़ते हैं। उनके पीछे-पीछे सैनिक भी चलते हैं। सिद्धार्थ के समीप पहुँचने पर शुद्धोधन रुकते हैं और सैनिकों से कहते हैं।)

शुद्धोधन : आप लोग यहीं ठहरें।

(सैनिक वहीं रुक जाते हैं। शुद्धोधन अकेले आगे बढ़ते हैं और सिद्धार्थ के पास पहुँचकर उसे आवाज़ देते हैं।)

शुद्धोधन : पुत्र सिद्धार्थ।

(अपना नाम सुनकर सिद्धार्थ की एकाग्रता टूटती है। वह दृष्टि उठाकर देखते हैं। सामने शुद्धोधन को खड़े देख उन्हें आश्चर्य होता है। यह अप्रत्याशित था। सहसा वह कुछ समझ नहीं पाते। वह अपने स्थान से खड़े हो जाते हैं और विस्मय से पूछते हैं।)

सिद्धार्थ : आप यहाँ?

शुद्धोधन : हाँ। *(कहने के साथ-साथ वह एक झटके से सिद्धार्थ को अपने गले से लगाते हैं। उनके अन्दर प्रेम और वात्सल्य उमड़ आता है। कुछ देर तक गले से लगाए रहने के पश्चात वह अपने दोनों*

हाथों से सिद्धार्थ के चेहरे और शरीर को छूते हैं और उनके शरीर की ओर ही निहारते हुए कहते हैं।)

शुद्धोधन : बहुत दुर्बल हो गये हो।

सिद्धार्थ : यह एक पिता की दृष्टि है।...मैं दुर्बल नहीं हुआ हूँ बल्कि पहले से अधिक स्वस्थ और सशक्त हूँ।...लेकिन आप यहाँ कैसे?

शुद्धोधन : क्यों? एक पिता अपने पुत्र से मिलने नहीं आ सकता? *(कहते हुए वह सिद्धार्थ की आँखों में देखते हैं।)*

सिद्धार्थ : माँ कैसी हैं?

शुद्धोधन : तुम्हारे बिना कैसी होगी?...वही नहीं यशोधरा, राहुल, सब तुम्हारे बिना स्वयं को अधूरा अनुभव करते हैं। तुमसे मिलने को बहुत व्याकुल हैं। सब अधीरता से तुम्हारी प्रतीक्षा कर रहे हैं। मैं तुमको साथ ले चलने के लिए आया हूँ।

सिद्धार्थ : मेरे प्रति सबके प्रेम और अपनत्व को मैं समझता हूँ। लेकिन मैं अभी नहीं लौटूँगा।

शुद्धोधन : क्यों? अब क्या समस्या है?

सिद्धार्थ : निष्कासन से मुझे स्वयं को और दुनिया को जानने, समझने और सीखने का एक अवसर मिला है। मैं इस अवसर को खोना नहीं चाहता।

शुद्धोधन : जो कुछ यहाँ रहकर सीखना चाहते हो वह वहाँ रहकर भी सीख सकते हो। तुम जो चाहोगे तुम्हें वह सब वहाँ पर उपलब्ध करवा दिया जायेगा।

सिद्धार्थ : परिव्राजक रहकर जो सीखा जा सकता है वह पारिवारिक रहकर नहीं सीखा जा सकता।

शुद्धोधन : *(नसीहत के स्वर में)* तुम्हें इस बात की कुछ परवाह है कि तुम्हारी माँ का क्या हाल होगा जब वह यह सुनेगी कि उसका एकमात्र पुत्र, उसके कलेजे का टुकड़ा सन्यासी बनकर ही रहना चाहता है। वह रो-रोकर मर जायेगी।

सिद्धार्थ : दुनिया में अशान्ति और दु:ख क्यों है? सर्वत्र द्वेष, कलह और वैमनस्यता क्यों है? हिंसा और उन्माद क्यों है? दुर्बलों का दमन और वर्चस्व की प्रवृत्ति क्यों है? मैं इस सब का कारण जानना

चाहता हूँ। ताकि दुनिया को प्रेम, करुणा और सद्भाव से भरी दुनिया बनाया जा सके।

शुद्धोधन : स्पष्ट कहो, तुम्हारा तात्पर्य क्या है?

सिद्धार्थ : माँ को मेरा प्रणाम कहना। और कहना कि वह वीर पुत्र की माँ है। वह अपनी आँखों में आँसू न लाए। उसका पुत्र लाखों-करोड़ों लोगों की आँखों से आँसू पोंछने के लिए निकला है।

शुद्धोधन : अपनी पत्नी के बारे में तो सोचो। वह अभी युवा है। पति-पत्नी जीवन की गाड़ी के दो पहिए होते हैं। जीवन की गाड़ी को तुम्हारे बिना वह अकेले कैसे खींचेगी?

सिद्धार्थ : यशोधरा बहुत साहसी और सुलझी हुई स्त्री है। वह जीवन को जीना जानती है। उसका हृदय भी करुणा से भरा है। मुझे विश्वास है यह सब जानकर उसको भी दु:ख नहीं गर्व होगा।

शुद्धोधन : और तुम्हारा पुत्र राहुल? वह अभी बहुत छोटा है। उसे पिता की आवश्यकता है। पित्र-वंचना के साथ उसका जीवन कैसे खिलेगा? वह तो खिलने से पहले ही मुरझा जायेगा। कम से कम उसके बारे में तो कुछ सोचो।

सिद्धार्थ : यशोधरा राहुल की माँ भी है और पिता भी। मुझे विश्वास है यशोधरा उसको पिता का अभाव महसूस नहीं होने देगी। और फिर माता गौतमी और आप उसके साथ होंगे। माँ के वात्सल्य और दादी-दादा के स्नेह की शीतल छाया में वह कभी नहीं मुरझाएगा।

शुद्धोधन : तो क्या तुम कभी कपिलवस्तु नहीं आओगे?

सिद्धार्थ : जिस दिन मेरी साधना पूरी हो जायेगी मैं कपिलवस्तु अवश्य आऊँगा।

(शुद्धोधन दु:खी और निराश मन से कुछ देर इधर-उधर देखते हैं। फिर सिद्धार्थ की ओर देखते हुए पूछते हैं।)

शुद्धोधन : क्या यह तुम्हारा निश्चय है?

सिद्धार्थ : जी हाँ, मेरा यह दृढ़ निश्चय है।

शुद्धोधन : क्या तुम अपने निश्चय को बदल नहीं सकते?

सिद्धार्थ : आप मेरे पिता और गौरवशाली शाक्य गणराज्य के अधिपति हैं। कृपया अपने पुत्र से ऐसा कहकर स्वयं को छोटा न बनाएँ।

शुद्धोधन : तुम्हारा यही दृढ़ निश्चय है तो मैं तुमको तुम्हारे निश्चय से नहीं डिगाऊँगा। मैं और परिवार के सब लोग तुम्हारे इस निश्चय के साथ रहेंगे। लेकिन एक बात तो मान लो।

(सिद्धार्थ प्रश्नसूचक दृष्टि से शुद्धोधन की ओर देखता है।)

शुद्धोधन : तुमको अपने राज्य और घर से बाहर ही रहना है तो जंगल के बजाये किसी नगर में जाकर रह लो।

सिद्धार्थ : वह क्यों?

शुद्धोधन : यहाँ जंगल में खाने के लिए कुछ नहीं मिलेगा। अस्वस्थ हो सकते हो।

सिद्धार्थ : जंगल सारी दुनिया को बहुत कुछ देते हैं। मुझे भी यहाँ कुछ न कुछ मिल जाता है।

शुद्धोधन : जंगल में ख़तरनाक जानवर रहते हैं।

सिद्धार्थ : मनुष्य जानवर से अधिक ख़तरनाक हैं।

शुद्धोधन : तुम्हें जंगली जानवरों का भय नहीं?

सिद्धार्थ : नहीं। जानवर भी तब तक मनुष्यों को कुछ नहीं कहते जब तक मनुष्य उनको कोई हानि नहीं पहुँचाते।

(इसी बीच मंच पर शेर की दहाड़ सुनायी देती है। मंच के एक ओर से एक शेर आता दिखायी देता है। शेर को देखकर सब लोग सुरक्षा के प्रति सचेत हो जाते हैं। एक सैनिक शेर का संहार करने के लिए अपने धनुष पर बाण चढ़ाता है और शेर की दिशा में देखते हुए बाण छोड़ने को तत्पर होता है। दूसरा सैनिक म्यान में से तलवार बाहर निकाल लेता है। सिद्धार्थ सैनिकों को रोकते हैं।)

सिद्धार्थ : रुको। प्रहार मत करो।

सैनिक : यदि इसका संहार नहीं किया गया तो यह क्षति पहुँचा सकता है। हमारे पास अस्त्र हैं हम अपनी रक्षा कर सकते हैं, लेकिन आपके पास कोई अस्त्र नहीं हैं। आपकी रक्षा के लिए उसका संहार आवश्यक है।

सिद्धार्थ : आप मेरी चिन्ता नहीं करें। मेरे पास आप लोगों से अधिक शक्तिशाली अस्त्र है।

(सब आश्चर्य से सिद्धार्थ की ओर देखते हैं। शुद्धोधन पूछते हैं।)

शुद्धोधन : ऐसा कौन सा अस्त्र है तुम्हारे पास? हमें तो कुछ दिखायी नहीं दे रहा है। क्या जानवरों को वश में करने का कोई मन्त्र सीख लिया है तुमने?

सिद्धार्थ : मेरे पास प्रेम का अस्त्र और अहिंसा का मन्त्र है। मैं जानवरों के साथ मैत्री भाव से रहता हूँ। वे भी मेरे साथ उसी मैत्री भाव से रहते हैं।

(शेर कुछ और निकट आ जाता है। उपस्थित लोग भय से असहज हो जाते हैं। सैनिक पुनः शेर पर प्रहार करने के लिए तत्पर होते हैं। सिद्धार्थ हाथ के संकेत से पुनः उनको रोकता है।)

सिद्धार्थ : मैं कहता हूँ अपने अस्त्र का प्रयोग मत करो। आप यदि उसके साथ हिंसा करोगे तो वह अवश्य आपके प्रति हिंसक हो जायेगा। वह शान्ति से अपने रास्ते पर जा रहा है। उसकी शान्ति को भंग मत करो। अशान्ति भंग होने से वह हिंसक हो सकता है।

(सैनिक अनिच्छा से अपने धनुष-बाण और तलवार नीचे कर लेते हैं। शेर शान्त भाव से चलता हुआ उनसे दूर चला जाता है।)

सिद्धार्थ : देख लिया न आप लोगों ने। आपने शेर को कुछ नहीं कहा तो उसने भी आपको कुछ नहीं कहा। हिंसा हिंसा को और प्रेम प्रेम को जन्म देता है।

(शुद्धोधन गर्वित नेत्रों से सिद्धार्थ को देखते हैं। उसके चेहरे पर दृष्टि टिकाए हुए कहते हैं।)

शुद्धोधन : मैं धन्य हूँ कि तुम्हारा पिता हूँ। अब विदा लेता हूँ। अपना ध्यान रखना।

(सिद्धार्थ दोनों हाथ जोड़कर प्रणाम करता है। शुद्धोधन वापस जाने के लिए मुड़ जाते हैं। धारे-धीरे क़दम बढ़ाते हुए मंच से जाते हैं। उनके पीछे पीछे सैनिक भी जाते हैं।)

दृश्य तीन

(सिद्धार्थ जंगल में एक रास्ते पर चले जा रहे हैं। गर्मी के कारण उनके शरीर से पसीना बह रहा है बहुत तेज़ प्यास लगी है। प्यास से गला सूख रहा है। पानी की तलाश में चारों ओर दृष्टि दौड़ाते हैं। पानी का कोई स्त्रोत उनको दिखायी नहीं देता। थकान और प्यास के कारण वह शिथिल और शक्तिहीन से हो गये हैं। उनके क़दम लड़खड़ा रहे हैं। सहसा उन्हें कल-कल की ध्वनि सुनायी देती है। वह रुककर ध्यान से सुनते हैं।)

सिद्धार्थ : *(स्वयं से ही)* यह तो पानी के बहने की आवाज़ है। अवश्य पास में कोई नदी है।

(जैसे किसी निर्धन को कोई ख़ज़ाना मिल जाये, पानी का स्त्रोत मिलते ही सिद्धार्थ के क़दमों में तेज़ी आ जाती है। वह तेज़ी से आवाज़ की दिशा में बढ़ते हैं। कुछ दूरी पर एक नदी दिखायी देती है। वह नदी के पास पहुँचते हैं। धीरे से नदी के किनारे पर बैठते हैं। अपने दोनों हाथों की अंजुली बनाकर उसमें नदी का जल लेते हैं। कुछ देर जल को प्रेम से निहारते हैं फिर उसे पीते हैं। स्वच्छ शीतल जल पीकर उन्हें राहत मिलती है और शरीर में शक्ति का संचार होता है। वह सुख की ठण्डी श्वांस लेते हैं और स्वयं से ही कहते हैं।)

सिद्धार्थ : सच में जल से ही जीवन है। बहुत से लोग पानी के अभाव में मर जाते हैं। यदि नदी सूखी हुई होती। इसमें पानी नहीं होता तो मैं भी प्यास से मर गया होता। एक नदी का जल न जाने कितने लोगों को जीवन देता है।

(पानी पी लेने के पश्चात वह नदी के अन्दर उतरते हैं और स्नान करते हैं। फिर नदी के किनारे एक सघन वृक्ष की छाया में विश्राम करने के लिए बैठ जाते हैं। चारों ओर हरी-भरी प्रकृति को निहारते हैं। स्थान और परिवेश उन्हें आकृष्ट करता है।)

सिद्धार्थ : *(स्वयं से)* यहाँ नदी है जल है। वृक्ष हैं वन हैं। सर्वत्र हरियाली है।

प्रकृति की रखवाली है। शोर नहीं है शान्त है। ध्यान के लिए यह उपयुक्त स्थान है।

(सिद्धार्थ पद्मासन लगाकर ध्यान करने लगते हैं। वह आँखें बन्द कर ध्यान में इतने डूब जाते हैं कि अपनी और बाहरी दुनिया की कोई सुध-बुध उनको नहीं रहती है। भूख-प्यास, सर्दी, गर्मी, दिन-रात का कुछ पता नहीं चलता। कई दिन तक वह इसी अवस्था में रहते हैं। इससे उनके शरीर पर धूल-मिट्टी की परतें जम जाती हैं। जिस पर चींटियों ने अपना घर बना लेती हैं। आसपास अनेक जीव-जन्तु घूम रहे हैं। सिद्धार्थ का शरीर बहुत जर्जर और हड्डियों का ढाँचा सा दिखायी देता है। श्वांस लेने में कठिनाई हो रही है। किन्तु इस ओर उनका ध्यान नहीं है। सहसा कुछ स्त्रियाँ वहाँ से एक गीत गाते हुए निकलती हैं।)

गीत :

तार करें झंकार। ये वीणा के तार।
खींचों इतना टूट न जायें
ढीले भी ये न रह जायें
तने रहें उतने
जितने की बनी रहे दरकार।
तार करें झंकार। ये वीणा के तार।
अति ढीले या अति तने हों
नहीं देते संगीत कभी वो
मध्यम तने हुए रहकर ही
बज सकते हैं तार।
तार करें झंकार। ये वीणा के तार।
एक बार जो टूट गया वो
नहीं कभी जुड़ पाता
ढीला भी हो जाये अति तो
काम नहीं कर पाता
थोड़ा ऊपर थोड़ा नीचे
चलता है संसार।
तार करें झंकार। ये वीणा के तार।

(गीत के ये शब्द सिद्धार्थ के कानों में पड़ते हैं। वह सोचने लगते हैं। कुछ देर सोचने के उपरांत स्वयं से ही बोलते हैं।)

सिद्धार्थ : कुछ लोग खाओ पीयो, मौज उड़ाओ को जीवन का उद्देश्य मानते हैं और कुछ लोग तपस्या में अन्न-जल त्यागकर अपना जीवन समाप्त कर लेते हैं। ये दोनों ही अतियाँ हैं। मैंने भी कठोर तपस्या के निमित्त अन्न त्याग कर अपने शरीर को इतना कमज़ोर बना लिया है कि मृत प्राय: हो गया हूँ। कुछ दिन और इसी तरह रहा तो शरीर निष्प्राण हो जायेगा। तब मैं क्या कर पाउँगा? ...किसी भी चीज़ की अति उचित नहीं है। मध्यम मार्ग ही सर्वोत्तम है।

(इसी बीच एक स्त्री वहाँ पहुँचती है। उसका नाम सुजाता है। वह अपने हाथों में खीर से भरा एक कटोरा, कुछ पूड़ियाँ और पानी से भरा लौटा लिए हुए है। वह वृक्ष देवता की पूजा करने के लिए आयी है। सुजाता के साथ एक अन्य स्त्री भी है। उसका नाम पूर्णा है। विशाल वृक्ष के नीचे आँखें बन्द किए ध्यान मुद्रा में बैठे सिद्धार्थ को देखकर सुजाता विस्मय से भर जाती है। बहुत देर तक विस्मित दृष्टि से वह सिद्धार्थ की ओर देखती रहती है, फिर पूर्णा को पुकारती है।)

सुजाता : पूर्णा, देख तो बहन।

(कहते हुए वह सिद्धार्थ की ओर संकेत करती है।)

सुजाता : यह मैं क्या देख रही हूँ।...

पूर्णा : *(सिद्धार्थ की ओर ध्यान से देखते हुए)* सही कह रही हो बहन। यह तो असाधारण है।

सुजाता : ऐसा प्रतीत हो रहा है जैसे यह कोई तपस्वी नहीं वृक्ष देवता ही साक्षात रूप में बैठे हैं।

पूर्णा : हाँ बहिन, लग तो ऐसा ही रहा है।

(सुजाता अपने हाथों में पकड़ा खीर का कटोरा पूर्णा के हाथों में देती है और सिद्धार्थ के चरणों में अपना सिर रखकर उनका वंदन करती है। फिर पूर्णा से कटोरा अपने हाथों में लेकर सिद्धार्थ की ओर बढ़ाती है और विनयपूर्वक कहती है।)

सुजाता : मुझे नहीं पता आप कौन हैं। मैं वृक्ष देवता की पूजा करने के लिए आयी हूँ। मेरा मन कह रहा है आप ही वृक्ष देवता हैं। मैं

खीर लायी हूँ। कृपया इसे ग्रहण कर मुझे उपकृत करें।

(सुजाता के शब्द सुन सिद्धार्थ धीरे-धीरे आँखें खोलते हैं। शारीरिक कमज़ोरी के कारण उनकी आँखें पूरी नहीं खुल रही हैं। दुर्बलता के कारण हाथ भी काँप रहे हैं। काँपते हाथों से वह सुजाता के हाथों से खीर का कटोरा अपने हाथों में लेते हैं। कटोरा को अपने आसान के पास रखते हैं तथा नदी में जाकर स्नान करके आते हैं। पानी से भीगा उनका शरीर सोने की तरह चमक रहा है। वह अपने आसन पर आकर बैठ जाते हैं और खीर खाने लगते हैं। एक मक्खी कहीं से आ जाती है। सुजाता अपनी साड़ी के पल्लू से मक्खी को उड़ाती है। बहुत दिन बाद शरीर के अन्दर अन्न जाने से सिद्धार्थ के अन्दर शक्ति का संचार होता है। उनके चेहरे की आभा लौट आती है और चेहरा तेज़ से दमकने लगता है। सुजाता यह देखकर हैरान रह जाती है। उसे यह सब चमत्कार सा लगता है। वह दोनों हाथ जोड़कर पुन: सिद्धार्थ के चरणों में अपना सिर रखती है।)

सुजाता : हे देव, मैं आपको सही-सही पहचान नहीं पा रही हूँ। लेकिन इतना अवश्य जान रही हूँ कि आप कोई साधारण तपस्वी नहीं हैं। आप बहुत बड़े साधक और देवताओं के भी देवता हैं। आपकी आभा से सारा वातावरण आलोकित हो रहा है।

(सिद्धार्थ खीर खाने के उपरांत बर्तन को एक ओर रखते हैं। फिर अपना एक हाथ आशीर्वाद की मुद्रा में उठाते हैं और अत्यन्त शान्त, सहज स्वर में सुजाता से कहते हैं।)

सिद्धार्थ : हाँ देवी, मैं एक साधक हूँ। अहिंसा और प्रेम का साधक। अपनी साधना के लिए मैंने बहुत दिन से अन्न त्यागा हुआ था। अन्न के अभाव में मैं मृतप्राय: हो चुका था। मैं आज यह महसूस कर रहा हूँ कि भोजन का त्याग करने से कोई साधना पूर्ण नहीं होती।

(सुजाता वशीभूत सी सिद्धार्थ की ओर देखती है। फिर उनके पैरों में अपना सिर रखकर वंदना करती है और कहती है।)

सुजाता : आप सच में पूज्य और वन्दनीय हैं। मैं धन्य हुई जो आपने मेरा भोजन ग्रहण किया।

सिद्धार्थ : मैं केवल इतना जानता हूँ देवी कि तुमने जिस शुद्ध भावना से भोजन अर्पित किया है, मैंने उसी भावना से तुम्हारा भोजन ग्रहण किया है। तुम्हारी खीर खाकर अर्हत को नया जीवन मिला है। भूखे को भोजन देना सबसे बड़ा पुण्य है। मैं मानव जीवन में व्याप्त हिंसा और दु:ख़ों के नाश का मार्ग खोज रहा हूँ। मुझे इस मार्ग में जो कुछ भी अर्जित होगा वह तुम्हारी खीर का प्रताप होगा। सकल विश्व सदियों तक तुम्हें याद रखेगा। मुझे खीर खिलाकर तुमने पुण्य अर्जित किया है। तुमको तुम्हारे पुण्य का लाभ मिले। तुम्हारा पुण्य तुमको ख़ूब फले। तुम्हारा सदैव मंगल हो।

सुजाता : हे देव, आपके शब्दों से मेरे कानों में अमृत सा घुल रहा है। कुछ वर्ष पूर्व इसी स्थान पर मैंने वृक्ष देवता से पुत्रवती होने की कामना की थी। मेरी मनोकामना पूर्ण हुई है। आज मैं पुत्रवती हूँ। आपकी साधना के पीछे आपकी जो भी मानोकामना है। जिस तरह मेरी मनोकामना पूर्ण हुई है, उसी तरह आपकी मनोकामना भी पूर्ण हो।

(इतना कहकर सुजाता एक बार पुन: सिद्धार्थ के पैरों में अपना सिर रखकर उनका वंदना करती है। सिद्धार्थ आशीर्वाद की मुद्रा में अपना हाथ ऊपर उठाते हैं। सुजाता अपने घर की ओर चल देती है। पूर्णा उसका अनुगमन करती है। सिद्धार्थ आँखें बन्द कर ध्यान में डूब जाते हैं।)

दृश्य चार

(काशी राज्य। सारनाथ में एक स्थान। कुछ पर्ण कुटियाँ हैं। उनके सामने एक बड़ा सा वृक्ष है। वृक्ष के नीचे कोण्डिन्य, अश्वजित, काश्यप, महानाम और भद्रिक बैठे हुए चर्चा कर रहे हैं। इस समय उनकी चर्चा का विषय सिद्धार्थ गौतम हैं। अश्वजित कह रहा है।)

अश्वजित : राजगृह में सिद्धार्थ गौतम मिला था। कई वर्ष हो गये उसका कोई समाचार नहीं है। वह बहुत तेजस्वी, अनुशासित और दृढ़-प्रतिज्ञ है।

अपनी प्रबुद्धता के कारण सब परिव्राजकों और सन्यासियों से भिन्न दिखायी देता है। कई वर्ष हो गये उसके बारे में कोई समाचार नहीं है।

काश्यप : हाँ, सिद्धार्थ गौतम सचमुच बहुत बड़ा साधक था। हमने उसका साथ छोड़कर बहुत ग़लती की है। उसके साथ रहकर, उसकी सेवा में जो सुख था, वह अद्‌भुत था।

महानाम : पता नहीं वह कहाँ होगा? यदि अभी भी अपने मार्ग पर दृढ़ होगा तो वह अवश्य ही अब तक बुद्ध बन गया होगा।

भद्रिक : बन गया होगा नहीं, वह बुद्ध बन चुका है। कल ही मुझे किसी से ज्ञात हुआ सिद्धार्थ गौतम ने निरंजना नदी के किनारे गया नामक स्थान पर पीपल के एक वृक्ष के नीचे बुद्धत्व प्राप्त कर लिया है। अब वह गौतम बुद्ध कहलाता है।

कोण्डिन्य : अरे, तो फिर देर किस बात की। चलो, चलकर गौतम बुद्ध को ढूँढते हैं। वह हमें अवश्य पहचान लेंगे और अपनी शरण में ले लेंगे।

(तभी एक दिशा से सूखे पत्तों के चरमराने की आवाज़ सुनायी देती है। आवाज़ सुनकर कोण्डिन्य कहता है।)

कोण्डिन्य : लगता है कोई इधर आ रहा है।

(पाँचों सन्यासी उस दिशा में देखते हैं। वृक्षों के बीच से सधे क़दमों से चलता हुआ एक सन्यासी आता दिखायी देता है। सूर्य के समान तेज़वान उस सन्यासी का चेहरा आभा से दमक रहा है।)

कोण्डिन्य : *(कौतूहल से आगंतुक सन्यासी की ओर देखते हुए)* इतना तेज़युक्त चेहरा? ऐसा लगता है जैसे सूर्य पृथ्वी पर उतर आया है। ऐसा तेज़ तो कभी किसी के चेहरे पर नहीं देखा। यह अद्‌भुत है।

(वे सब आश्चर्य से उस ओर देखते हैं। थोड़ा निकट आने पर कोण्डिन्य गौतम बुद्ध को पहचान लेता है और अपने साथियों से कहता है)

कोण्डिन्य : अरे, यह तो गौतम बुद्ध ही हमारे पास आ रहे हैं।

सभी सन्यासी : (आश्चर्य से) क्या?

(यह कहते हुए वे सब ध्यान से गौतम बुद्ध की ओर देखते हैं। वे भी गौतम बुद्ध को पहचान लेते हैं और अपने-अपने स्थान से खड़े होकर उनको प्रणाम करते हैं। कोण्डिन्य तेज़ी से आगे बढ़कर गौतम बुद्ध से उनका भिक्षा पात्र लेता है। अश्वजित उनका चीवर सम्भालता है। काश्यप उनके बैठने के लिए स्थान स्वच्छ कर आसन बिछाता है। महानाम गौतम बुद्ध के पैरों को पानी से धोता है। गौतम बुद्ध आसन पर विराजमान हो जाते हैं। भद्रिक एक लौटा में पानी और मिष्ठान लेकर आता है और गौतम बुद्ध को अर्पित करता है।)

भद्रिक : यह मिष्ठान और जल ग्रहण करें मान्यवर।

(गौतम बुद्ध थोड़ा सा मिष्ठान खाते हैं और जल पीते हैं। लौटा एक ओर रखते हुए उन सबका कुशल-क्षेम पूछते हैं।)

गौतम बुद्ध : आप लोग कैसे हैं?

अश्वजित : हम बहुत अच्छे हैं मान्यवर। आज वर्षों बाद आपके दर्शन पाकर हम धन्य हो गये। *(एक क्षण रुककर)* क्या आप अभी भी साधना के लिए शरीर को तपाने में विश्वास नहीं करते हैं? अथवा आपने अपना निर्णय बदल लिया है?

गौतम बुद्ध : मैं शरीर को कष्ट देने में विश्वास नहीं करता। यह एक अति है। और शरीर के प्रति हिंसा भी है। हिंसा चाहे किसी भी रूप में हो वह कभी शुभ नहीं होती। जो शुभ नहीं है, वह कल्याणकारी नहीं है।

(अश्वजित सुखद आश्चर्य से गौतम बुद्ध की ओर देखता है।)

अश्वजित : आपका चिन्तन सर्वथा नवीन है। सुना है आप बुद्ध हो गये हैं।

गौतम बुद्ध : हाँ, अब मैं बुद्ध हूँ, सम्यक् सम्बद्ध हूँ। मैंने अपनी वासनाओं का भग्न कर बोधि की प्राप्ति की है। मैंने वह ज्ञान अर्जित किया है जो समस्त विश्व को हिंसा, अशान्ति और दु:ख़ों से मुक्त करने वाला है। समस्त विश्व के लिए कल्याणकारी है।

अश्वजित : *(विस्मय के स्वर में)* ऐसे ज्ञान की बात तो पहले किसी ने नहीं की। यह अद्भुत है।

गौतम बुद्ध : मैं चाहता था कि इस बोधि का ज्ञान सबसे पहले आलार कालाम और उद्दक रामपुत्त जैसे बड़े साधकों को दूँ। लेकिन दोनों की मृत्यु हो चुकी है। तुम सबने मेरी बहुत सेवा की है। सन्यास की दुनिया में तुम पाँचों मेरे सर्वाधिक निकट हो। इसलिए मैंने तुम सब को बोधि का ज्ञान देने का निश्चय किया है।

अश्वजित : हम धन्य हुए जो आपने हमें दर्शन दिए और इस योग्य समझा। कृपया हमें अपनी शरण में लें और बोधि लाभ देकर उपकृत करें।

(गौतम बुद्ध एक दृष्टि उन सब पर डालते हैं और कहते हैं।)

गौतम बुद्ध : सुनें।

(सब अपने कान गौतम बुद्ध की ओर लगाते हैं और सुनने के लिए एकाग्रचित्त हो जाते हैं। बुद्ध कहना शुरू करते हैं।)

गौतम बुद्ध : संसार दु:खमय है। हर किसी को कोई न कोई दु:ख है। किसी को कोई अभाव है, किसी को वियोग है। कोई रूग्ण है, किसी को मृत्यु का भय है। कोई दमन और शोषण का शिकार है। समस्त दु:ख़ों का कारण अविद्या है। अविद्या के कारण मनुष्य अपने दु:ख का कारण नहीं समझ नहीं पाता है। और उसका निदान नहीं कर पाता है।

(पाँचों सन्यासी: (एक स्वर में) सही कहा भगवन। आपका एक-एक शब्द सत्य है।)

गौतम बुद्ध : क्रोध और हिंसा मनुष्य के सबसे बड़े शत्रु हैं। अहिंसा ही सुखी जीवन का आधार है।

अश्वजित : हम अहिंसा को कैसे समझें भंते।

गौतम बुद्ध : भिक्षुओं, अहिंसा को समझने से पहले हिंसा को समझना आवश्यक है।

कोण्डिन्य : आप सम्यक् सम्बुद्ध हैं। आप जो बताएँगे वह सही ही बताएँगे। कृपया बताएँ कि अहिंसा को कैसे समझें?

गौतम बुद्ध : किसी की हत्या अथवा शारीरिक चोट देना ही हिंसा नहीं है, मानसिक दंश देना भी हिंसा है। घृणा, शोषण, उत्पीड़न सब हिंसक कार्य हैं, हिंसा के रूप हैं। अपमान, उपेक्षा और अपशब्द हिंसा है। वर्जना और निषेध हिंसा है। किसी का देय उसे न देना हिंसा है। वर्चस्व और क़ब्ज़ा हिंसा है। युद्ध हिंसा है। दूसरों के अधिकारों का अतिक्रमण हिंसा है। किसी की इच्छा के विरुद्ध उससे कोई कार्य करवाना या उस पर अपनी बात थोपना हिंसा है। प्रत्येक मनुष्य को समान रूप से जीने का अधिकार है। एक मनुष्य द्वारा दूसरे मनुष्य के साथ असमानता, ऊंचनीच और अस्पृश्यता का व्यवहार करना हिंसा है। हिंसा प्रेम और सद्भाव की शत्रु है। जहाँ हिंसा होगी वहाँ प्रेम और सद्भाव नहीं होगा।

कोण्डिन्य : बहुत अच्छा भगवान। अब कृपया अहिंसा के बारे में बतावें।

गौतम बुद्ध : जहाँ भी अहिंसा होगी वहाँ सुख और शान्ति होगी। जहाँ शान्ति होगी वहाँ क्लेश नहीं होगा, मनोमालिन्य और द्वेष नहीं होगा। जहाँ अहिंसा होगी वहाँ विवाद नहीं संवाद होगा, घृणा नहीं प्रेम होगा। प्रेम मनुष्यता का दूसरा नाम है। जहाँ प्रेम होगा वहीं लोकतन्त्र हो सकता है। प्रेम-रहित समाज में लोकतंत्र की स्थापना और उसके जीवित रहने की कोई सम्भावना नहीं है।

कोण्डिन्य : आपका विचार अद्भुत है भंते। सोए हुए को जगा दे, भटके हुए को रास्ता दिखा दे। हम धन्य हुए भंते।

(इतना कहकर सभी भिक्षु गौतम बुद्ध के चरणों में अपने सिर झुकाकर तीन बार उनकी वंदना करते हैं। भिक्षु अश्वजित विनयपूर्वक कहते हैं।)

अश्वजित : हम आपके शरणागत हो गये हैं। हमारे लिए क्या निर्देश है तथागत।

गौतम बुद्ध : भिक्षु का सर्वप्रथम कर्त्तव्य है अनुशासित रहना। नैतिकता और सदाचारण का पालन करना। दूसरा यह कि कभी भी धन-सम्पत्ति और सुख-सुविधाओं में लिप्त नहीं होना। चीवर और भिक्षा पात्र ही भिक्षु की सम्पत्ति है। तुम लोगों के लिए मेरा यही कहना है कि कोई भी वस्तु जितनी आवश्यकता हो उतना ही ग्रहण करें। संग्रह करने से विरत रहें। उपासकों को यह समझाएँ कि छोटी-

छोटी बातों पर लड़ाई और हिंसा नहीं करें। अवैध रूप से कुछ भी ग्रहण करना अथवा क़ब्ज़ा करना अनैतिक और अमानवीय है। लोगों में इस प्रवृत्ति का नाश हो, इसके लिए प्रयास करें।

कई भिक्षु : (एक स्वर में) बहुत अच्छा भंते। हम इस पर पूरी तरह अमल करेंगे।

गौतम बुद्ध : पर्यावरण हमारे जीवन का आधार है। पर्यावरण की रक्षा अवश्य करें। जलाने के लिए लकड़ियों की आवश्यकता हो तो सूखी लकड़ियाँ एकत्र करके उनका ही उपयोग करें। हरे-भरे वृक्षों को नहीं काटें।

अश्वजित : बहुत अच्छा भंते।

गौतम बुद्ध : यह अवश्य याद रखें पानी अमूल्य है। हर खेत और हर जीव के लिए आवश्यक है। पानी का संग्रह करके रखें और आवश्यकता के अनुसार ही समझदारी से उपयोग करें। इस पर आप लोग ख़ुद भी अमल करें और उपासकों को भी अमल करने के लिए प्रेरित करें। यह लोक पर तुम्हारी अनुकंपा होगी।

सभी भिक्षु : *(एक स्वर में)* ऐसा ही होगा भंते।

गौतम बुद्ध : असमानता असंतोष और कलह का मूल है। जहाँ असमानता होगी वहाँ असंतोष और कलह होगा। जिसके रहते व्यक्ति और समाज कभी सुखी नहीं रह सकते। समाज के सुख और कल्याण के लिए आवश्यक है कि समाज में समानता, प्रेम और सद्भाव का संचार हो। वर्ण और जातिगत असमानता एक व्याधि है। इनके प्रति दंभ और आग्रह मानसिक संकीर्णता है। समाज को इस व्याधि से मुक्त करो। यह सच्ची मानव सेवा है।

अश्वजित : बहुत अच्छा भंते। हम आपके आदेश का पालन करेंगे।

गौतम बुद्ध : ध्यान रखो, यह कार्य सरल नहीं है। जातिगत ऊंचनीच और भेदभाव की संकीर्णता से ग्रस्त लोग तुमको अपमानित करेंगे, तुम पर उपहास करेंगे, तुम्हारे साथ हिंसा करेंगे। किंतु अपना धैर्य मत खोना। तुम्हें समाज को मानवीय बनाना है। अज्ञानियों को ज्ञान दो, दु:खियों को सांत्वना दो, निराश और टूटे हुए लोगों को संबल दो, उनमें आशा का संचार करो।

अश्वजित : आप जैसा कह रहे हैं, हम वैसा ही करेंगे भंते।

गौतम बुद्ध : मेरा उद्देश्य किसी एक व्यक्ति, राज्य या समुदाय का सुख नहीं, समस्त विश्व को सुखी बनाना है। ऐसी दुनिया बने जहाँ सब मनुष्य समानता, स्वतंत्रता और मानवीय गरिमा के साथ रह सकें। ऐसी दुनिया का निर्माण संभव है। अपने अंदर से इस विश्वास को कभी कम नहीं होने देना कि हमें इस संभावना को साकार करना है।

अश्वजित : बहुत अच्छा भंते।

गौतम बुद्ध : आज पर्यावरण ख़तरे में है। दुनिया ख़तरे में है। मनुष्यता ख़तरे में है। इन सबको बचाओ। जाओ भिक्षुओं। मंगल भावना के साथ लोक का मंगल करने के लिए जाओ।...किसी एक स्थान पर अधिक समय तक मत रूको। तुम्हें अधिक से अधिक लोगों का कल्याण करना है। अधिक से अधिक लोगों के जीवन को सुखी बनाना है। इसलिए हर दिशा में, हर गाँव और नगर में जाओ। निकट से लेकर दूर तक जाओ। और किसी भी एक दिशा में एक साथ दो मत जाओ। अहिंसा और प्रेम की सुगंध दूर-दूर तक फैला दो। इस विश्व को अहिंसा और प्रेम की सुगंध से महका दो। मेरी चेतना का आधार और मेरी शिक्षा का सार यही है-बहुजन का हित, बहुजन का सुख और लोक पर अनुकंपा।
(इतना कहकर गौतम बुद्ध समस्त भिक्षुओं पर दृष्टि डालते हैं। सभी भिक्षु एकाग्रचित्त होकर उनकी बात सुन रहे हैं। वह उपदेश की मुद्रा में अपना दायां हाथ उठाते हैं और कहते हैं।)

गौतम बुद्ध : चरथ भिक्खवे चारिकं, बहुजन हिताय, बहुजन सुखाय, लोकानुकंपाय।

सभी भिक्षु : *(समवेत स्वर में):* आपके शब्द हमारे लिए आदेश हैं तथागत। हम आपके आदेश का पालन करने का निश्चय करते हैं।'
(गौतम बुद्ध को नमन कर सभी भिक्षु उठ खड़े होते हैं तथा शरीर पर चीवर और हाथों में भिक्षा पात्र लेकर अलग-अलग दिशाओं में चल देते हैं।)

(पर्दा गिरता है।)

(मंच पर कुछ कलाकार आते हैं और एक समूह गीत गाते हैं।)

गीत

गौतम एक बार फिर आओ।
धम्म, ध्यान, निर्वाण ज्ञान का अमृत देते जाओ।।
मानवता के चीत्कार को
नैतिकता के मूल्य ह्रास को
पथ-विचलित संस्कृति, सभ्यता
वैमनस्यता के विचार को
जन-मन से दूर भगाओ।
गौतम एक बार फिर आओ।।

व्याप्त धरा पर अंधकार है
घृणा, हिंसा अहंकार है
गूँज रहा दु:खियों का क्रंदन
जीवन चिथड़े तार-तार है
द्वेष और मालिन्य मिटाते जाओ।
गौतम एक बार फिर आओ।।

बारूद ढेर पर विश्व खड़ा है देखो
नित बनते नए रसायन, आयुध देखो
कितने उन्नत आयाम छुये हैं हमने
अपने संहारक आप बने हैं देखो
इस भू-मण्डल को स्वर्ग बनाते जाओ।
गौतम एक बार फिर आओ।।

ये जाति-पाति और मजहब की दीवारें
क्यों ऊंची उठती जाती सभी विचारें
उग्रवाद, अलगाव और हिंसा को
न प्रश्रय दें, सब मिलकर इन्हें नकारें
सद्धर्म, शील पर चलें सभी कह जाओ।
गौतम एक बार फिर आओ।

❑❑❑